BIBLIOTHÈQUE DES MERVEILLES

JACQUES CALLOT

SA VIE, SON ŒUVRE

ET SES CONTINUATEURS

PAR

HENRI BOUCHOT

OUVRAGE ILLUSTRÉ DE 57 VIGNETTES
REPRODUITES DIRECTEMENT SUR LES ORIGINAUX
DE CALLOT, LA BELLE, COCHIN, SILVESTRE, ETC.

PARIS
LIBRAIRIE HACHETTE ET Cie
79, BOULEVARD SAINT-GERMAIN, 79

BIBLIOTHÈQUE
DES MERVEILLES

PUBLIÉE SOUS LA DIRECTION
DE M. ÉDOUARD CHARTON

JACQUES CALLOT
ET SES CONTINUATEURS

IACOBVS CALLOT
CALCOGRAPHVS AQVA FORTI NANCEII IN LOTHARINGIA
NOBILIS.

BIBLIOTHÈQUE DES MERVEILLES

JACQUES CALLOT

SA VIE, SON ŒUVRE

ET SES CONTINUATEURS

PAR

HENRI BOUCHOT

OUVRAGE ILLUSTRÉ DE 57 VIGNETTES
REPRODUITES DIRECTEMENT SUR LES ORIGINAUX
DE CALLOT, LA BELLE, COCHIN, SILVESTRE, ETC.

PARIS
LIBRAIRIE HACHETTE ET Cie
79, BOULEVARD SAINT-GERMAIN, 79
—
1889

Droits de propriété et de traduction réservés

A MON BEAU-FRÈRE

ÉMILE CHEVALIER

CAPITAINE DE FRÉGATE

Ce livre est dédié.

H. B.

INTRODUCTION

Jacques Callot, graveur de Nancy, est une personnalité brillante, un artiste hors de pair, une sympathique et curieuse physionomie. Son nom est populaire à l'égal de celui de Rabelais, et ses grotesques ou ses gueux sont restés dans la langue courante comme le Gargantua ou le Pantagruel. Par une loi bizarre et inexpliquée des réputations, c'est surtout ce moindre côté de son merveilleux talent qui s'est imposé et lui a donné la gloire. Pour beaucoup Callot n'est et ne saurait être que le grand fantaisiste des *Gobbi* ou des *Baroni*, l'interprète des bossus hideux ou des mendiants en guenilles. Tout l'œuvre grandiose et pénétrant du maître s'efface devant ces fantoches; on oublie les conceptions hautaines et philosophiques, les pages les plus admirablement écrites, pour ces épigrammes nerveuses dont le ragoût plaît aux moins délicats. On ravale ainsi à l'état de simple caricaturiste un des tempéraments les plus complets du dix-septième siècle, un esprit original qui vaut surtout par sa manière d'expliquer les banalités, de traduire en son langage imagé les redites conventionnelles de ses devanciers, de faire, en un mot, besogne de grand artiste, œuvre de créateur.

Le temps était loin, à la fin du seizième siècle, des talents personnels. Confinée dans les données hiératiques de l'École italienne, courant par les sentiers battus et rebattus des Bolonais ou des Florentins, la peinture avait perdu la note timide et naïve, sincère et émue des vieux maîtres, pour ne plus admettre que les rééditions oiseuses des copistes de Raphaël. Celui-là était réputé le meilleur et le plus disert qui répétait imperturbablement la leçon apprise, sans autre souci. Et la gravure s'était, elle aussi, attelée à cette imitation chagrine; les burinistes italiens s'appliquaient à circonscrire ces données dans leurs estampes lamentables. Tout un monde d'interprètes fidèles, mais froids et guindés, de tailleurs de cuivre inébranlables dans leur raideur, s'étaient formés à l'école des peintres. Il en était venu de partout, d'Allemagne, de France, des Flandres, voyageurs partis avec un bagage personnel, artisans diversement doués, qui bientôt s'uniformisaient au contact et se croyaient plus riches d'avoir tout perdu.

Tomber en pleine jeunesse au milieu de ce monde spécial et légèrement perclus, en subir les idées néfastes et vieillies, suivre quelque temps la voie, et tout à coup se redresser, jeter le froc comme on dit, *faire de soi*, sans exemple, sans guide, s'affirmer à un âge où les autres commencent à peine, c'était tenter bien gros et réussir inespérément. Jacques Callot eut le bonheur de ne point se briser à ce jeu. Il y a plus, sa philosophie, sa hardiesse de conception s'affinèrent au contact de ces médiocres ouvriers du burin. Un vague sentiment le ramena en arrière, il comprit que la vérité n'était plus guère que dans la vie de chaque jour, que la meilleure manière de faire parler ou agir les anciens, c'était encore de prendre ses contemporains pour modèles, à la façon des peintres du vieux temps. Il arriva donc pour lui que déjà touché de la convention il s'en dégagea pour une grande part, oublia du mieux qu'il put les formules toutes faites, et devint lui pour n'avoir été personne.

On s'explique mal aujourd'hui la succession d'événements qui amenèrent le petit artiste lorrain, voué d'avance aux traductions pénibles du burin, aux copies monotones et insipides, à se faire son chemin à l'écart, sa carrière toute grande. Au temps où il vint en Italie, les graveurs n'aimaient guère les petites histoires, les riens charmants traités à l'eau-forte. Il semblait d'ailleurs que depuis Dürer les adeptes de la pointe eussent honte de se mettre en parallèle avec les burinistes. Les plus admirés d'entre ces derniers redisaient les peintures décoratives dans des estampes énormes où l'outil traçait des lignes noires et lourdes, et qui s'appréciaient aux dimensions. Les artistes flamands mettaient au service des éditeurs italiens leur pratique savante et maniérée, et sous l'influence des goûts et des modes ils enchérissaient les uns sur les autres à qui saurait le mieux torturer une figure, et montrer les tailles les plus audacieuses.

Callot voulut les suivre, mais il s'égara. Sa main n'était pas celle d'un copiste habile, et son génie d'invention s'accommodait assez mal de ces mot-à-mot vulgaires. Inconsciente ou volontaire, la réaction se fit en lui. Il abandonna franchement les errements de l'école, et tenta d'écrire ce qu'il ressentait sur le cuivre, comme d'autres jetaient leurs idées sur la toile. Ses premiers essais étonnèrent un peu; il rompait en visière avec une routine solidement assise. Mais il fut compris parce qu'il parlait le langage vrai, celui de tout le monde; on admira les merveilleuses finesses de ces compositions intenses, où dans le plus petit espace des populations entières évoluent, où la vie se devine dans les microscopiques figures. Ce fut une révélation soudaine et irrésistible; comme si les esprits et les yeux eussent été fatigués des conceptions olympiennes des Italiens décadents, l'engouement vint de ces fantaisies joyeuses. On retrouvait dans Callot un peu de la sincérité des primitifs avec quelque chose en plus, et la philosophie du Nord servie par une élégance tout italienne. Une preuve de succès, ce sont les imitations sans nombre que firent naître les estampes de l'artiste lorrain; à Rome, à Florence, on chercha à parodier sa manière; des graveurs français le suivirent bientôt, et de si près que leurs œuvres ont parfois causé des méprises.

Un médiocre graveur de l'école flamande, Lœmans, inscrivait au bas d'un portrait du maître : « Il s'adonnoit à l'eau-forte en laquelle il s'a rendu si extrême, qu'il est *une merveille* de le voir. » Jamais hommage plus vrai ne fut rendu à Jacques Callot. Il n'est point un grand artiste, il est un merveilleux ciseleur, un conteur charmant de choses vues. Ses envolées ne sont point grandioses, il ne conçoit pas à la façon de Michel-Ange ou de Raphaël, il s'en tient aux humbles choses, mais il leur donne un accent d'une pénétration singulière. Et si jamais le mot de merveille s'est appliqué justement aux œuvres de la pensée humaine, c'est bien à ces pages immortelles, synthèse superbe des gloires ou des misères d'une époque, résultante de l'esprit qui sait comprendre et de la main qui sait traduire. La merveille, c'est d'être revenu en arrière, c'est d'avoir repris pour son compte un coin de nature et de l'avoir exposé naïvement au monde. C'est d'avoir sù rendre dans un trait précis et simple à la fois la tournure vraie des hommes et leurs passions éternelles.

JACQUES CALLOT

PREMIÈRE PARTIE

SON ŒUVRE, SES DÉCOUVERTES

I

1593-1611.

Les origines de Jacques Callot. — Sa noblesse. — Jean Callot, son père, héraut d'armes du duché de Lorraine. — Sa première éducation artistique. — État des arts à la cour de Lorraine au commencement du dix-septième siècle. — Jacques Callot s'enfuit en Italie. — Les bohémiens compagnons de route de Callot, et leur influence sur son talent. — Séjour à Florence à l'atelier de Canta Gallina. — Retour forcé en Lorraine. — Demange Crock, graveur de la monnaie à Nancy. — Seconde fugue en Italie. — Troisième voyage en compagnie du comte de Tornielle avec l'autorisation de son père Jean Callot. — Arrivée à Rome; Israël Henriet et Claude Deruet. — Premiers travaux dans l'atelier de Thomassin. — Départ pour Florence.

La petite cour des ducs de Lorraine avait eu pendant la fin du seizième siècle sa physionomie particulière; Charles III, gendre du roi de France Henri II, l'avait su rendre brillante et joyeuse. Fière de son autonomie, de ses coutumes spéciales, largement dotée de fabriques et d'industries de tous genres, la Lorraine formait un petit royaume où la noblesse trouvait à guerroyer, où les artistes avaient aussi la part assez belle. Au nombre des officiers de la maison ducale, Claude Callot, archer des gardes, s'était fait une situation enviée. Issu d'une famille bourguignonne qu'on disait attachée au Téméraire, marié, suivant une légende, à la petite-nièce de Jeanne d'Arc, Claude de Fricourt, il sut gagner les bonnes grâces de son maître, et, bien que simple aubergiste des *Trois Rois*, il fut anobli par lettres patentes du 30 juillet 1584, laissant à son fils Jean, en même temps qu'une petite fortune, des prétentions aristocratiques et la survivance de son office. Le grand pas était franchi pour les Callot; ils prenaient rang dans la haute bourgeoisie nancéienne. Jean ne tarda pas à monter encore dans la hiérarchie, et quand il épousa, en 1587, Renée Brunehaut, il était héraut d'armes du duché de Lorraine sous le nom de guerre de Clermont.

Le héraut d'armes, sans être une puissance, avait une place marquée dans les cérémonies et les tournois. Il réglait certains détails, blasonnait les armes des combattants, portait la parole au nom du prince; on le revêtait dans les grands jours d'une dalmatique armoriée qui en imposait beaucoup. Jean Callot prenait très au sérieux ses fonctions et, suivant la communeloi, comptait pour beaucoup sa noblesse récente. Il rêvait pour les fils que lui avait donnés sa femme les plus belles situations de l'État ou de l'Église. Malheureusement pour lui, Jacques, le puîné, à peine âgé de dix ou onze ans, dédaignant les belles-lettres grecques ou latines, s'enfermait des journées entières dans l'atelier de Demange Crock, graveur de la monnaie, dans celui du peintre Claude Henriet, mille fois plus attaché par leurs travaux que par les poètes ou les prosateurs d'Athènes ou de Rome. Peintre! le mot sonnait mal aux oreilles du héraut d'armes; pour un qui réussissait, pour un Woériot, un Béatrizet, un Bellange, combien se condamnaient à un labeur misérable au fond d'une échoppe mal jointe, confondus avec les gens de métiers, les gagne-petit de toutes les sortes! Et à ne prendre qu'Henriet, quelle vie était la sienne! Levé tôt, couché tard, barbouillant du matin au soir les plus infimes choses, portraiturant les uns, peignant les armoiries des autres, il réussissait péniblement à joindre entre eux quelques rixdallers destinés à la pâture quotidienne. Pour la gloire ou l'honneur, rien ou pas grand'chose.

Sans doute il y avait eu en Lorraine Didier de Vic, revenu de Rome et qui « toute sa jeunesse avait fréquenté les Italles, et hanté avec les meilleurs esprits de son art ». On connaissait Raymond Constant, peintre de piétés; Jean de Wagenbourg, portraitiste en titre du duc Charles III; Vignolles, dont la maison touchait à l'école des Pères Jésuites et qui exerçait des séductions infinies sur les « apprentifs en grammaire ». On savait même que le prince tenait beaucoup à ce monde d'artistes, qu'il les retenait à prix d'or chez lui. Mais que prouvait cela, sinon que ceux-là avaient du talent, du savoir faire, au rebours des traine-misère du même état? A supposer même que le jeune garçon fût compris dans les libéralités du duc Charles et qu'il partît pour l'Italie avec tant d'autres, n'irait-il pas s'échouer là-bas loin du pays, et ne reviendrait-il pas quelque jour désabusé, dégoûté, sans position possible?

Et tandis que Jean Callot, le fils aîné, donnait les meilleures satisfactions au héraut d'armes, Jacques demeurait sourd aux remontrances, crayonnait en cachette, courait les routes en compagnie d'Israël Henriet son compagnon, presque du même âge, et s'abîmait dans une idée folle. Comment apprit-il à moins de douze ans, en 1604, le moyen de gagner l'Italie, le chemin à suivre au sortir de Nancy pour passer à Florence, sinon au milieu de ces peintres qui tous parlaient avec admiration de leurs équipées de jeunesse? Les uns étaient partis en compagnie de marchands, d'autres seuls, sans argent, en gens faisant leur tour de France, en *courtauds de boutanche*, suivant le mot d'argot, mendiant leur vie au nom de l'art sublime, de l'art rêvé. Et Israël Henriet qui venait d'arriver là-bas et qui envoyait de temps à autre au pays des lettres enthousiastes! Au milieu de quelque mercuriale paternelle, dans la crainte de voir se transformer pour lui le collège en prison, Jacques Callot prit une résolution solennelle, celle de partir, de partir de suite et seul, sans un rouge liard, sans guide pour ne point éveiller les soupçons.

Les routes sont peu sûres, et si tous chemins conduisent à Rome, encore faut-il ne point être arrêté comme vagabond. Le bissac au dos, la canne à la main, le malheureux petit gagne de vitesse les terres de la comté de Bourgogne; de là il passera à Lyon et atteindra le mont Cenis. Au temps qui nous occupe, les grandes voies de communication étaient singulièrement peuplées. Les seigneurs à cheval, les argonniers ou charretiers de l'Argonne, chargés des transports de marchandises du nord au sud, les piétons, compagnons, mendiants, les courriers de province à province, sillonnaient les routes en tous sens, se prêtant les uns aux autres aide et confort, protection si besoin en était. Le moyen d'abandonner un enfant chétif et pauvre parti pour l'Italie en pareil équipage! Aujourd'hui dans une ferme isolée, demain sous la tente d'un argonnier, le couvert se trouve que bien que mal, et quant à la provende, les bonnes âmes l'offrent d'elles-mêmes. Et l'on conte son histoire à tous venants, aux bons, aux indifférents, même peut-être à quelques bandits déguenillés voyageant en troupe armée, qu'on a rencontrés sur le chemin d'Italie. Caravane bizarre venue du bout du monde sur des bidets étiques, parlant toutes les langues, connaissant l'univers entier et Nancy par-dessus le marché; hommes affublés de rapières et de pistolets, femmes couvertes de loques et de verroteries, garçonnets coiffés de marmites, armés de grils et de broches comme les mardis-gras flamands. Et accueillants avec cela, et peu scrupuleux! Jacques Callot les suit faute d'autres, un peu séduit par leurs allures, et par crainte aussi de leur déplaire. Il les voit dire la bonne aventure aux gens, piller les fermes, assassiner peut-être, mais il ne souffle mot, car ils jettent au voyageur une cuisse de poulet et lui offrent une place au bivouac.

Le fuyard ne s'en doute pas, mais il est sous le charme étrange de ces êtres, il subit à son insu la poésie farouche de ces visages tannés, de ces faces couturées de cicatrices. Sa mémoire d'enfant se peuple de silhouettes invraisemblablement accoutrées, où les manteaux s'accrochent aux colichemardes en verrouil, où les plumes de coq empanachent les feutres défoncés. Longtemps il oubliera cette vision, il la rejettera même comme un cauchemar. Mais vienne la trentième année, le succès qui excuse les escapades, le repos qui met au point les souvenirs, et dans un retour fécond aux années de jeunesse, l'artiste grandi animera superbement ces avatars. Et quelle surprise de rentrer dans son élément, les gueux, les héros borgnes, les soudards empennés, en relisant à vingt ans d'intervalle cette première page de sa vie! Comme ces bohémiens avaient fait impression sur lui, eux qu'on retrouve dans la plupart de ses œuvres antérieures, dans les démons de *la Tentation de saint Antoine,* dans les caprices, et jusque dans les tire-laine de la *Foire de Florence!* Ils avaient mieux fait, les vagabonds, que de rendre la route plus facile au voyageur; ils lui avaient inconsciemment dévoilé son génie. Jacques Callot s'essayera à tous les genres; il montrera les Hébreux bourreaux du Christ, les Florentins courant aux fêtes, les paysans et les seigneurs, les réprouvés ou les saints; mais toujours apparaîtront ses anciens compagnons de route, à la façon de ces airs de berceuse entendus dans l'enfance, dont Lulli semait les œuvres de son âge mûr.

Quand il eut quitté ses amis d'occasion aux portes de Florence, le jeune Lorrain se prit à errer dans les rues, sur les bords de l'Arno, à chercher sa vie. C'est un officier qui, le voyant bayer aux corneilles, les yeux rouges, l'interrogea et connut son odyssée. On dit qu'il en eut compassion et qu'il le recommanda au graveur Canta Gallina, artiste médiocre d'ailleurs, mais dont l'atelier jouissait d'une certaine célébrité. Jacques Callot fut admis par grâce au nombre des élèves, et bénéficia de son courage. Son malheur voulut que des marchands nancéiens le rencontrassent et missent un nom sur sa figure. C'était bien là le fils du héraut d'armes disparu depuis longtemps et que ses parents pleuraient. Un peu de gré, beaucoup par force, ils l'entraînèrent avec eux, le hissèrent sur leurs charrettes et reprirent avec lui la route de Lorraine en passant par le mont Cenis et Lyon. Voilà l'enfant prodigue revenu, et choyé je vous laisse à penser! Mais quelle sotte idée n'avait-il pas eue? Tenir ainsi les chemins en compagnie de gens sans aveu, pour une misérable chimère!

Jacques ne répondait pas, car ses illusions n'avaient pas disparu; pour si peu sa volonté ne s'était point lassée. Il reprenait chez Demange Crock la suite interrompue de ses essais, il se vouait à un labeur incessant dans les instants dérobés à la surveillance active de son père. Celui-ci désespérait un peu, tout en jugeant l'enfant assez puni de son escapade pour ne plus tenter l'aventure. Un matin on ne le trouva plus; il s'était enfui dans la nuit, et, jouant des jambes, il arrivait à Turin dans les premiers jours de l'année 1606; son frère Jean, lancé à sa poursuite, l'y rejoignit, et pour la seconde fois le ramena à leur père.

Que faire contre une vocation aussi prononcée? On imagina que le temps et les déboires corrigeraient l'enfant, que l'appât d'une place officielle le ferait réfléchir, qu'il oublierait bientôt l'art et les artistes. Et pour ne pas le pousser à bout, on le laissa plus volontiers crayonner; on le confia à Crock et à Henriet, avec mission de le faire travailler. Déjà le garçonnet s'était essayé au portrait, et sur la demande probable de son père, il avait fait sa cour au souverain en gravant sur le cuivre une médiocre effigie qu'il signa magistralement à la mode des gens arrivés. L'estampe n'a rien de flatteur pour le modèle, elle est lourde, embarrassée; c'est un bégayement enfantin. Elle nous est parvenue toutefois, parce qu'on la répandit et qu'on en fit de nombreux tirages. Les courtes leçons de Canta Gallina n'avaient point été perdues d'ailleurs; Jacques Callot les mit à profit dans une grande planche où, sous l'inspiration de son père, il racontait en plusieurs tableaux la légende de la famille des Porcellets. Les Callot avaient des obligations nombreuses à ces nobles de vieille souche lorraine; les fantaisies un peu naïves de Jacques servirent de remerciement.

Tout le bien qu'on dit alors de ces productions, des dispositions qu'elles montraient, ouvrit les yeux au héraut d'armes. Quand son fils ne lui servirait plus tard qu'à l'aider dans un projet de livre de blason sur les anciens chevaliers du duché, l'espérance valait bien qu'on le préparât à cette besogne. Sur ces entrefaites le duc Charles III mourut, en mai 1608, et dans le brouhaha des cérémonies préparées, dans les mille démarches nécessitées par sa fonction spéciale, Jean Callot abandonna un peu son fils à lui-même. Pendant deux mois entiers la ville de Nancy fut à l'envers. Le maître des cérémonies, J. de la Ruelle, dessinateur assez habile, décorait les salles du palais, faisait dresser les échafauds et les catafalques, et livrait ses esquisses et ses plans à Jean de La Hière, qui les transcrivait en les mettant au point, en leur donnant la perspective. On chercha vainement à Nancy un graveur capable de reproduire ces croquis sur le cuivre, en vue de l'impression. Les habiles étaient en Italie ou en France. On dut appeler un aqua-fortiste strasbourgeois, Frédéric Brentel, qui s'acquitta au mieux de ce travail hâtif, bâclé en quelques semaines et bientôt livré au public en album in-folio relatant les moindres circonstances des funérailles. L'art de ces estampes curieuses n'est point à mépriser. J'imagine que leur habileté, que les groupements de milliers de personnages en d'étroits espaces, que la tournure libre et franche des figures firent impression sur Jacques Callot. Son père y avait été représenté dans le cortège, portant la cotte armoriée des grands jours; il n'en fallait pas plus pour que l'enfant étudiât et conservât dans sa mémoire le détail précis et nerveux du graveur, et en fît son profit.

La disette d'artistes spéciaux constatée par la venue de Brentel laissa-t-elle concevoir à Jean Callot quelque espoir pour la carrière future de son fils? comprenait-il que la décision de l'enfant était irrévocable et qu'on ne gagnerait rien à la vouloir contrarier? Je ne saurais affirmer rien; tout ce qu'on peut dire, c'est que moins de six mois après l'enterrement du duc Charles, quand Henri, son fils et successeur, envoya en ambassadeur à Rome le comte de Tornielle, surintendant de sa maison, pour notifier son avènement au pape, Jacques Callot se joignit au cortège avec l'assentiment de tous les siens. C'était la revanche éclatante, la consécration attendue qu'on n'eût point osé rêver, la marche triomphale après les équipées du bohème. Monté sur son roussin de voyage, la plume au feutre, la tête farcie de projets insensés, le jeune graveur partait à la conquête de Rome, à l'assaut de la gloire.

Si l'on en croit Félibien, qui disait le tenir des amis de Callot, celui-ci eût demandé à Dieu une seule chose, de vivre jusqu'à quarante-trois ans; ce fut sa constante prière, et exaucée comme on verra. On eût dit qu'il sentait la faiblesse de son corps menacée par l'énergie intense de la volonté et de l'esprit. A Rome il ne se trouvait plus en pays indifférent : c'est là que vivaient Israël Henriet, son camarade, et Claude Deruet, peintre nancéien, tous deux suivant des voies différentes, mais déjà sortis du niveau modeste des apprentis. Ils l'amenèrent à l'atelier d'Antonio Tempesta; peintre-graveur habile, décorateur du Palais Vieux de Florence, et qui tenait de Stradan, son maître, un goût particulier pour les scènes de mœurs et les chasses. Tempesta avait une réputation acquise; le patronage du cardinal Granvelle, la mode venue de ses productions, en faisaient un personnage, peut-être un peu dédaigneux des humbles, mais capable de leur donner de temps à autre un conseil profitable. Jacques Callot le vit trousser une eau-forte, et comprit vite le parti à tirer de ce mode prime-sautier et hardi dans les compositions originales. Son malheur voulut que ses ressources s'épuisassent assez vite, et qu'il ne pût continuer à fréquenter dans la maison du maître. Loin de songer à rendre ses propres idées, à écrire ses pensées, il fallut traduire celles des autres, il fallut échouer misérablement à tailler au burin des images de piété pour en tirer monnaie.

Philippe Thomassin, artiste champenois établi à Rome, tenait fabrique spéciale de ces estampes religieuses, en même temps qu'il fournissait au commerce des pièces d'orfèvrerie. Élève de Corneille Cort pour le burin, Thomassin avait le travail lourd et mesquin, assez clair et défini pourtant : il s'attachait à reproduire les œuvres contemporaines ou les tableaux de Raphaël, l'ancien et le moderne sans accent, sans naïveté, en coulant tout dans un moule uniforme, suivant la formule unique empruntée à la fois aux Italiens et aux Flamands. Les estampes des Sadeler faisaient alors fureur à Rome; Thomassin employa Callot à les copier par le burin, et c'est ainsi que le jeune homme collabora à une série des Mois de l'année d'après Jacques de Momper où le pastiche apparait évident et misérable : travail impersonnel, oiseux, triste corvée d'un Pégase attelé à la charrue. Callot eût pu se perdre à ce labeur, égarer sa main dans une recherche précieuse si éloignée de son tempérament d'origine. Par bonheur il se brouilla avec le graveur champenois, on dit par la jalousie que Thomassin ressentit des assiduités de son élève auprès de sa jeune femme, mais peut-être bien plutôt par le vague dépit qu'il eut d'avoir trouvé son maître.

Il faut vivre ! Les contemplations idéales des chefs-d'œuvre, les promenades à travers les merveilles de la Ville éternelle, la fréquentation même des maîtres, n'eussent point tardé à mettre le Lorrain minable sur le pavé. Israël Henriet, son ami, allait quitter Rome, les conseils et les secours lui manqueraient bientôt ; il fallait deux mois pour recevoir de Lorraine la moindre réponse. Son désaccord avec Thomassin n'était point d'ailleurs sans lui nuire auprès des éditeurs romains. Il se résolut à partir pour Florence, où l'art se tenait plus en dehors des mercantis et des tailleurs de planches à la grosse. Jacques Callot se souvenait de Canta Gallina ; on lui parlait de Julio Parigi, à la fois ingénieur, graveur et peintre, ayant reçu des Italiens du seizième siècle l'amour des formes allongées et délicates, des figures grêles qui paraissaient alors la grâce exquise, et que les meilleurs artistes exagéraient de plus en plus. Et puis Florence avait une cour célèbre, des princes alliés à la famille des ducs lorrains, une vie générale plus active. La tournure des esprits n'y était pas bornée aux horizons pieux, les tempéraments les plus divers pouvaient s'y faire la part belle; Callot, voué depuis deux ans aux reproductions froides et guindées, vivant dans un milieu de gens butés sur les données hiératiques toujours semblables, fut pris de la nostalgie de cette ville à peine entrevue; Henriet l'ayant quitté, plus rien ne le retenait à Rome : il partit pour Florence.

II

CALLOT A FLORENCE. 1612-1621.

Les tâtonnements. — Callot grave l'*Enfer* de Bernard Poccetto. — Gravures au burin d'après les maitres. — L'album des Funérailles de Marguerite d'Autriche. — Callot à l'atelier de Julio Parigi ; les encouragements et les conseils. — Cosme II, grand-duc de Toscane, et les artistes — Callot grave au burin les *Batailles des Médicis*. — Callot et les tendances italiennes. — Parigi et les fêtes florentines. — Il grave la *Guerre d'Amour*, sa première œuvre réellement personnelle.

Longtemps encore le jeune artiste tâtonnera, cherchera à dégager sa personnalité des influences de milieu. Il voudrait inventer lui aussi, car il ne doute de rien, mais le dessin lui manque, la pratique du burin a sensiblement alourdi sa main. Il revoit Canta Gallina, son ancien maître, qui constate des progrès énormes, sans deviner toutefois ce que produira par la suite cette énergie incroyable. Callot reprend le burin, les travaux insipides ; il se condamne à la transcription de grandes histoires médiocrement payées, entre autres d'un *Enfer* et d'un *Purgatoire* d'après Bernard Poccetto, celui qu'on nommait familièrement Bernard Pochet dans le clan français des artistes italiens. On est à ces représentations à Florence tout aussi bien qu'à Rome; les Flamands ont transporté des Pays-Bas en Italie l'amour des compositions macabres où les diables tourmentent les damnés, plus tard Callot reprendra le sujet pour lui-même, il mettra au service de son imagination les souvenirs apportés de Lorraine, la terre classique des sabbats; il combinera cette partie vécue avec les données fantasmagoriques d'un Jérôme Bosch ou d'un Breughel pour esquisser une *Tentation de saint Antoine* inimitable, qui demeurera le type classique du genre, le modèle de Téniers et de tous les autres. Poccetto toutefois gardait une certaine froideur académique dans cette grande scène de la damnation éternelle; ses figures traitées sobrement et sans crânerie continrent le dessin plus audacieux du graveur. Des inadvertances même se sont glissées dans la planche; on y voit par exemple des cadavres emportés par les flots de la rivière infernale couchés sur les eaux, sans pénétration, comme si le Cocyte eût été gelé. Singulière œuvre de débutant malgré tout, travail énorme de mise en place, de groupement que les plus habiles eussent à peine osé! En dépit de sa volonté, Jacques Callot s'y montre le disciple indéniable de Thomassin; es Sadelers lui ont laissé leur forte empreinte; il n'est pas encore lui, mais toujours eux, et quand il cherche à transporter sur le cuivre la *Sainte Famille* d'Andrea del Sarte, et quand il taille péniblement l'*Ecce homo* d'après Stradan.

L'eau-forte lui paraissait un mode de reproduction plus docile, il s'y était donné déjà, mais les marchands d'estampes n'en avaient pas le débit assuré que leur fournissait le burin. Il avait à son arrivée à Florence, et par fortune singulière, collaboré à l'album des Obsèques de Marguerite d'Autriche dessiné par Tempesta. Son origine nancéienne fut-elle de quelque poids dans le choix du grand-duc? on ne le saurait dire, car le jeune homme était alors bien humble, bien délaissé, bien méconnu. Les recommandations du comte de Tornielle s'étaient perdues à Rome; leur effet n'eût guère pu accompagner Jacques à la cour de Toscane. Quoi qu'il en soit, l'œuvre, à peine terminée par le peintre, fut confiée aux graveurs, et pour l'expédier plus lestement, on se servit de l'eau-forte, moyen rapide, plus en rapport avec le talent de Tempesta qui l'employait lui-même. En quelques semaines Callot termina quinze planches sur les vingt-neuf de la série.

Nous sommes encore loin des finesses spirituelles, des pratiques ingénieuses que la maturité du talent nous montrera bientôt; mais l'interprète n'avait pas le champ libre. S'il pouvait songer en travaillant aux ouvrages similaires de Frédéric Brentel lors des obsèques du duc Charles, les modèles fournis par Tempesta ne valaient point à beaucoup près les esquisses de la Hière. La vie de la reine d'Espagne ne prêtait point aux grands développements, et le peintre s'était gardé de lâcher la bride à sa verve habituelle. Quand le petit livre parut chez les frères Sermatelli sous le titre de *Essequie della sacra.... Maesta di Margherita d'Austria* (1612), il ne fit pas grand bruit dans le monde. Simple souvenir destiné aux fidèles de la reine, pages de journal écrites sans prétention, elles eussent été oubliées depuis longtemps sans la gloire ultérieure du Lorrain.

A l'atelier de Julio Parigi où le voici mêlé aux jeunes, aux ambitieux, Jacques Callot tenait une bonne place. Mais pourquoi se cantonnait-il dans ces copies niaises de dessins ou de tableaux contraires à ses goûts? Que n'allait-il de l'avant en se perfectionnant dans le dessin et la perspective, en cherchant à vivre de sa vie propre, à inventer comme les autres? Toutes ces réflexions de Parigi, l'enfant les avait faites depuis longtemps, et je laisse à penser la joie avec laquelle on les accueillit, on les caressa, on chercha à leur donner une suite. Servi par des yeux admirables, capables de fouiller le métal dans ses moindres coins, par une main assez ferme pour sertir d'un trait capillaire les plus microscopiques figurines, Callot suivit les conseils de son maître. C'est dans cette période d'enfantement qu'il se créa des formules à lui, des moyens spéciaux, venus de partout un peu, et qu'il devait conserver sans y changer rien jusqu'à la fin de sa vie. Élégant et mièvre à la mode italienne, naturaliste suivant les procédés flamands, il combine entre eux ces éléments différents pour donner la vie tout ensemble et la grâce à ses personnages. Et qu'on ne s'y trompe pas, jamais il ne sera vulgaire ni grossier même dans ses plus basses conceptions; ses mendiants, pour déguenillés ou malpropres qu'ils paraissent, ne garderont rien de la crasse stupide et hideuse des gueux flamands; ses *baroni* seront des César de Bazan en rapière.

Les estampes de la Vie de Marguerite d'Autriche attirèrent l'attention du grand-duc. C'était Cosme II, fils de ce grand Ferdinand I qui tenait de ses ancêtres le goût réfléchi et fécond des belles choses; sa mère, Christine de Lorraine, était la petite-fille de Catherine de Médicis par Claude de France. A l'amour très vif que la princesse portait aux gens de Lorraine se joignait une passion héréditaire pour les artistes. Jacques Callot bénéficia de ces bonnes volontés toujours en éveil; il reçut de Cosme II les encouragements les plus honorables, jusqu'à toucher une petite pension mensuelle en même temps qu'on lui donnait un logement dans la galerie réservée aux peintres et aux sculpteurs.

Le voici plus libre, plus à même de courir le monde et d'y chercher des impressions. Les conseils de Parigi ne seront point perdus pour lui : il va *faire de soi*, comme disent les Italiens; mais il sait temporiser, il veut attendre. Le dessin lui manque un peu, ses études premières assez négligées lui imposent le devoir de se perfectionner dans la copie des maîtres. Il jette les yeux à droite et à gauche, un peu au hasard, sans abandonner complètement le burin. Toutes ses œuvres se ressentent alors de ce stage volontaire et momentané, soit qu'il grave les Miracles de l'*Annonciade*, le portrait de Ferdinand de Médicis, ou qu'il redise dans une coupe savante et froide, encore bien rapprochée de la manière de Thomassin, les principaux faits du règne de Ferdinand I, sur les dessins de Roselli. Cette dernière suite, improprement appelée les *Batailles des Médicis*, apparaît dans les estampes de Callot comme une note isolée, si éloignée de ses accents personnels, qu'elle semblerait apocryphe, n'étaient les signatures authentiques qui la décorent. Jamais buriniste de profession ne s'identifia à ce point avec un modèle; la gravure est la peinture même de Roselli, correcte, polie, impeccable. Callot avait alors vingt-deux ans.

En soi le sujet pouvait lui plaire; il y rencontrait la cérémonie du mariage de Christine de Lorraine avec Ferdinand, les visites de la duchesse aux écoles de jeunes filles créées par elle; il savait que ces estampes iraient à Nancy rassurer ses amis sur ses destinées, et Jacques n'était pas fâché d'excuser ses escapades passées par ces preuves flatteuses d'un commencement de réussite. Il donna tous ses soins à la perfection idéale du métier dans les seize planches de la série, et bien que les originaux fussent de mains différentes, il les rapprocha au point de laisser confondre Roselli ou Poccetto dans la traduction.

Tailler à vingt-deux ans des scènes de l'importance de l'*Enfer* et des *Batailles des Médicis*, ren-

Ferdinand faisant fortifier Livourne. — Estampe de la suite dite *Les Batailles des Médicis*.

contrer chez les praticiens un encouragement à ses efforts, c'eût été pour beaucoup la route tracée; on s'en fût tenu à ce résultat sans écouter les conseils peut-être jaloux ou intéressés de Parigi. Callot donna cependant raison à son maître. Ce qui l'enthousiasmait dans Canta Gallina, c'était la touche spirituelle et enjouée de sa pointe, l'adresse avec laquelle il décrivait un paysage, ou la distinction un peu théâtrale dont il enjolivait une figure. Primatice ou le Rosso demeuraient tout entiers chez ces Florentins décadents, et le bon goût d'alors, c'était de les imiter en les exagérant. Jacques Callot, en cherchant à surprendre le secret de ces exiguïtés savantes, gagnait d'un côté ce qu'il perdait de l'autre. Il gagnait de se débarrasser des lourdeurs et des grossièretés lorraines ou flamandes, mais il y perdait un peu de cette naïveté charmante, de cette fleur provinciale dont plusieurs artistes moindres restèrent imprégnés à leur louange.

Les grands-ducs de Florence aimaient les fêtes; sur le théâtre du Palais-Ducal, au milieu de la place Sainte-Croix, les artistes trouvaient à exercer leur talent de mise en scène. Parigi était le grand ordonnateur de ces réjouissances. Soit qu'il préparât les décors d'une tragédie, soit qu'il dirigeât en plein air les joutes ou les tournois, Canta Gallina était chargé par lui de conserver la physionomie de ces journées populaires. Sur le thème magnifique fourni par le grand ingénieur, et non point sur ses dessins comme on l'a cru, le graveur brodait à sa guise, s'ingéniait surtout à garder intacts les machines décoratives, les palais ou les chars inventés par Julio Parigi, et semait parmi ces accessoires les figurines, au hasard des improvisations. La nature ne comptait guère en l'espèce, tout était sacrifié au détail bizarre de costumes imaginaires, de déesses assises sur les nuages, de rochers en carton figurant des grottes, où des dieux coiffés de toques à aigrettes, des princes accommodés à l'antique évoluaient gravement, comme il convient aux dieux.

Le carnaval de l'année 1615 amena à Florence le duc d'Urbin, et Cosme II lui prépara une réception magnifique. Des échafauds en gradins furent élevés en ellipse sur la grande place, ménageant une carrière énorme aux acteurs principaux de la fête. Parigi voulut que son élève prît sur nature des croquis des diverses phases de la cérémonie, qu'il montrât les figurants groupés, qu'il décrivît les deux faces opposées de la scène. Les notes d'album de Callot le rassuraient complètement sur la réussite ; il y découvrait certaines qualités de perspective, de mise au point que Canta Gallina n'avait point toujours eues dans ses esquisses même les plus poussées.

Jacques Callot se révéla subitement dans ce travail. Très Italien par la tournure spéciale des figurines, il sut dire à merveille chaque chose ; depuis les masques du premier plan gardant leur existence propre dans le fouillis inextricable des foules, jusqu'aux spectateurs microscopiques entassés sur les gradins, les moins heureux juchés sur les toits des maisons, tout ce petit monde vit, s'agite, sans se confondre. Dans leurs plus grandes dimensions les estampes dépassent à peine l'in-8° oblong ordinaire, et c'est dans ce champ de trente centimètres de largeur sur vingt-deux de hauteur que l'artiste a placé plus de trois mille individus dont on devine presque les idées tant leurs gestes ont de crânerie et de personnalité ! Du coup Canta Gallina se voyait dépassé et vaincu par un de ses admirateurs d'hier, par le plus jeune de ses élèves. Quand les acteurs princiers furent admis à contempler ce tour de force, ils n'en pouvaient croire leurs yeux. Et comme s'il eût compris que ce public spécial s'arrêterait davantage à la précision des costumes, à la vérité des poses, Callot n'avait rien négligé de ce qui pouvait surprendre les profanes à première vue. Si loin qu'elles fussent placées dans la perspective, les dames montraient leurs jupes à vertugades, leurs collerettes empesées en éventail ; pas une plume ne manquait aux feutres des seigneurs, pas une épée à leurs ceintures. Et cette recherche infinie, qui eût pu écraser l'œuvre et lui donner l'aspect froid et guindé des miniatures, ne nuisait en rien à la tenure générale. L'artiste avait créé l'espace, il faisait grand, au rebours des Bolonais qui voyaient petit dans leurs toiles immenses.

Cette *Guerre d'amour* — pour conserver le nom traditionnel donné à ces estampes — marque le point de départ sérieux de la carrière de Jacques Callot. Toute sa vie artistique s'élèvera sur les infiniment petits en gravure, qu'il transformera par son génie en conceptions grandioses. Une légende colportée par ses biographes attribue à je ne sais quelle contemplation des mosaïques de Sienne composées par Duccio la précision extrême qu'il mettait dans ses contours, la netteté prime-sautière de ses moindres griffonis. L'opinion ne vaut pas qu'on la discute sérieusement. Callot venait à son heure, juste assez tôt pour emprunter aux Italiens et aux Flamands le meilleur d'eux-mêmes et le redire dans sa langue à lui, avec son tempérament et ses admirables moyens d'exécution. S'il idéalise parfois son sujet, c'est qu'il a vécu à Rome et à Florence et qu'il s'est imbu des maîtres d'Italie; s'il est souvent brutalement vrai, c'est qu'il a connu les œuvres du Nord pleines de franchise, et qu'il a gardé son accent d'origine; mais la manière dont il procède n'est de personne. Lui seul pouvait animer d'une taille lestement enlevée, sans reprises, les petits êtres peuplant ses fonds. Hoffmann, le rêveur allemand, subissait le charme de ces lointains : « Pourquoi, disait-il, ne puis-je me contenter jamais de voir les œuvres étranges et légendaires, ô maître? pourquoi conservé-je toujours en moi le trait qui sertit chacune de tes figurines pleines de hardiesse?... Je me persuade très bien que leurs physionomies s'éclairent; les plus éloignées viennent sur moi vigoureuses et naturelles! »

III

CALLOT A FLORENCE. 1613-1621.

Callot invente un procédé nouveau sur vernis dur. — Les *Caprici di diverse figure* réputés par lui sa première œuvre; Callot créateur de l'espace. — Callot interprète à sa manière les sujets de piété. — Influence des Flamands sur son travail et sa composition. — La *Tentation de saint Antoine*, et le diable en Lorraine; souvenir d'enfance mis à profit. — La gravure du *Saint Mansuet* en l'honneur de l'évêque de Toul, bienfaiteur de la famille Callot. — Le *Massacre des Innocents*. — Callot petit-maître. — Influence de Callot sur l'école des vignettistes français des dix-septième et dix-huitième siècles. — Les *Combats des Galères*. — *L'Éventail*. — Les *Pantalons*. — La Foire de l'*Impruneta*, son chef-d'œuvre. — Les titres d'ouvrages et les illustrations. — Retour en Lorraine à la mort de Cosme II.

Jacques Callot a vingt-quatre ans, l'âge où la carrière se dessine définitivement; il a fait œuvre personnelle dans la *Guerre d'amour*, il a élargi sa manière, il est à son tour un maître écouté. Une chose le gêne pourtant dans l'exécution ténue de ses gravures à l'eau-forte, c'est le vernis mou dont les Italiens couvraient leurs planches de cuivre et sur lequel ils dessinaient à la pointe avant de baigner le métal dans l'acide. Les finesses s'émoussaient à ce travail, le trait venait gras, écrasé, un peu lourd. A peine a-t-il commencé que déjà les perfectionnements lui apparaissent possibles. Si l'on substituait à la matière peu résistante quelque enduit plus ferme où l'outil pourrait pénétrer sans creuser un sillon élargi, quelles merveilleuses tailles n'obtiendrait-on pas? Et comme le jeune homme fréquente des luthiers, qu'il les voit user d'un liquide brillant prompt à sécher, assez dense pour permettre au grattage les plus subtiles textures, il l'étend sur le cuivre, il l'essaye, et les résultats l'étonnent et le ravissent.

Tout lui devient facile à présent. Il pourra sans crainte de compromettre ses lointains s'abandonner aux ténuités impondérables que son œil perçoit nettement et que sa main sait définir. Peut-être un peu de gêne au début, quelque raideur inattendue; mais Callot surmontera bientôt ces légers obstacles, il saura tourner les difficultés, assouplir ses moyens; il bénéficiera de sa découverte pour dépasser ses concurrents. Son trait ferme et ininterrompu pastichera le burin et plongera dans la stupéfaction les rivaux italiens ou flamands qui constatent et ne comprennent plus.

L'idée lui vint de mettre à profit sa trouvaille dans une suite d'estampes qui pussent servir de modèles aux dessinateurs à la plume alors très nombreux, et qui missent en relief les qualités de son art nouveau. Il voulait cette fois voler de ses propres ailes, et ne demander rien à personne; Parigi l'y engageait vivement avec une bonhomie et un désintéressement bien rares entre gens de même métier. Mais que ferait-il bien pour conquérir la popularité nécessaire et triompher auprès de tout le monde? Les sujets pieux étaient usés jusqu'au ridicule; l'histoire demanderait trop de recherches. Pourquoi ne pas s'en tenir aux scènes journalières plus facilement décrites.

Figure des *Caprices de Florence*.

plus aisément comprises, aux peintures de mœurs en un mot?

A la façon des compositeurs d'opéra qui égrènent dans une ouverture les motifs principaux de leur drame lyrique, Callot paraît avoir cherché dans son imagination les fantaisies qu'il écrira plus tard. L'album entrepris par lui sous le nom de *Caprici di diverse figure*, et que nous pourrions appeler variations sur divers thèmes, nous montre dans une série de cinquante estampes de huit centimètres sur cinq, les gueux, les nobles, les bossus, les pantalons, les paysans réunis, confondus. En leur qualité de modèles plusieurs de ces figures sont doubles, présentées à la fois dans leur esquisse et dans leur mise au point, d'autres sont uniques, mais les fonds sont alors fouillés et enrichis avec une prodigalité que le maître ne dépassera jamais.

Nous sommes à Florence et le graveur ne manque pas de nous décrire les fêtes, les tournois déroulés sous les yeux d'un personnage de premier plan chargé de faire comprendre les espaces. Dans l'une des pièces nous assistons au défilé des tributaires du grand-duc de Toscane sur la place de la ville. Des milliers de personnnages s'agitent, se groupent. Là-bas dans un coin, sur une estrade, le souverain ; plus loin, les vassaux bannières déployées. Un peintre lyonnais, Jacques Stella, s'essayera plus tard à reprendre le même sujet dans une eau-forte de dimensions ordinaires, mais quel abîme le séparera de son prédécesseur ! Les figures lourdes, appesanties se meuvent dans une atmosphère étroite et grise. Au lieu des gaietés de Callot, du diable au corps de chacun de ces points animés dont il a vermiculé sa planche, des héros à l'antique, compassés et mesquins. Le génie de Callot savait faire naître les illusions absolues de l'espace, mais il communiquait aussi la vie à chaque unité et lui donnait un rôle défini dans la scène, au contraire des habiles qui obtiennent des fourmillements en brouillant les éléments entre eux.

Lorsqu'il écrivit la dédicace de cet album incomparable en l'honneur de Laurent de Médicis, le jeune artiste avouait ingénument n'avoir rien produit encore qui fût de lui. « C'étaient là, disait-il, les premières fleurs qu'il eût cueillies dans le champ de son stérile esprit. » Ce qui est vrai dans cette déclaration plus modeste qu'il ne convient, nous croyons l'avoir trouvé. Toutes ces fantaisies n'avaient point été inspirées par les Florentins ou les Romains. Beaucoup venaient en droite ligne de la terre lorraine, et ce sont celles-là qu'il avait cultivées dans son champ, et mises en coupe réglée à la bonne occasion. Quoi qu'il en soit, elles eurent une fortune inespérée et forcèrent l'admiration des plus hostiles. Les amateurs, maîtres souverains des réputations naissantes, s'arrachèrent les épreuves de premier tirage. Plus tard Jacques Callot, retiré à Nancy, parvenu au faîte des honneurs, tentera de reprendre ces charmantes histoires, il se voudra copier lui-même; mais sa main semblera alourdie : la grâce disparaîtra. C'est que son talent tout d'improvisation et de rencontre est mal à l'aise dans une copie, même de lui.

La peinture des mœurs ou des usages contemporains entraîne facilement le gros public. Tout le monde se juge capable de discuter une œuvre où sont représentées les figures connues. Mais comment rester original en imaginant après tant d'autres une *Salutation angélique*, un *Massacre des Innocents*, une *Tentation de saint Antoine*? La réputation d'un artiste avait alors besoin de ces consécrations hiératiques, dont les Italiens raffolaient, et que les maîtres des quinzième et seizième siècles avaient rendues officielles dans la carrière. Au temps de Callot, la tradition et l'idéal se combinaient pour composer des pages incolores toujours semblables, soi-disant imitées de l'antique, mais plus justement inspirées les unes des autres à satiété, sans relief ni valeur propre.

Sans avoir voulu se dégager complètement de ces errements, Callot cherchait à reprendre pour son compte les légendes bibliques, à les décrire dans une note plus personnelle. Peut-être s'attardait-il parfois, dans les soirées d'hiver, à parcourir les estampes des primitifs italiens ou flamands dont les épreuves étaient demeurées dans les cartons de Parigi ou de Canta Gallina. C'étaient là des vieilleries bien extraordinaires, où les Hébreux portaient la toque des bourgeois du seizième siècle, où Jephté ou Josué semblaient des chevaliers bardés de fer. Mais quelles imaginations délirantes ces vieux n'avaient-ils pas. Voici le saint Antoine du Beau Martin, de ce Schongaüer à peine connu de la génération nouvelle, qui a décrit les diables avec une complaisance apocalyptique; celui de Jérôme Bosch, celui de Breughel, et tant d'autres. Le diable n'est point un étranger pour Jacques Callot, et s'il ne l'a point vu, il le pourrait décrire griffe à griffe d'après les vieilles femmes de Lorraine. Chez lui, là-bas, *l'ennemi*, comme on disait, conduit le monde. Il fait grêler, tonner, mourir les gens ou les bestiaux, il entraîne les sorcières au sabbat dans les plaines. De graves magistrats discutent sur sa puissance, sur la couleur de sa peau, sur son odeur. Suivant qu'il revêt telle forme ou telle autre, il se nomme *Verdelet, Saute-Buisson* ou *Persil*, et paraît en chat noir, en bouc, en loup. Ses satellites lui obéissent aveuglément. Les moindres sont de hideux monstres poilus et cornus, qui se logent dans une âme comme dans une auberge et la rongent d'envie, d'orgueil ou de concupiscence.

Jacques Callot connaît par le menu leurs singulières odyssées. Il a entendu parler de cette veuve qui, sous l'inspiration du diable, se prit à vagabonder et à parler toutes les langues tout à coup. S'il se résout à traiter une tentation de saint Antoine, il montrera tous les démons d'enfer comme s'il les eût vus, tant il pourra les préciser et les distinguer entre eux. L'œuvre des anciens maîtres ne sera plus qu'un prétexte; il voudra enchérir sur eux par la multiplicité énorme des détails. L'homme du Nord, amoureux du merveilleux, des fantômes, des conceptions saugrenues, se trahira lui-même à cette cour de

Florence si peu encline aux fantasmagories noires. Toutefois il restera le peintre des mœurs de son époque sous couleur d'histoire sainte. Son compatriote Nicolas Remy, l'auteur de la *Dæmonolatria*, pourrait peut-être mettre un nom sur ces personnalités infernales et les retrouver toutes à l'aide des dépositions de sorciers brûlés par lui.

Mais, comme nous le disions tout à l'heure, Jacques Callot n'est point le premier peintre des diableries; il a simplement brodé sur un thème connu. Les grandes théories d'esprits tentateurs tourmentant les âmes avaient eu chez nos pères le même succès que les danses macabres. On voyait peu d'églises qui n'eussent les unes ou les autres de ces représentations empreintes à la fois de piété et de dévergondage, de sagesse et de folie. Jérôme van Acken, dit Bosch, dont nous parlions tout à l'heure, s'était voué aux fabulations diaboliques avec toutes les ressources d'une imagination vagabonde. Il fit des Tentations pour Philippe le Beau, pour les monastères, pour l'univers entier; c'était une spécialité. Le cardinal Grimani, amoureux des œuvres flamandes, possédait une diablerie dans son palais à Venise; Philippe II d'Espagne en avait fait installer une dans la chambre où il mourut. Bientôt Jérôme Cock popularisera ces travaux par la gravure, il en portera les épreuves en Italie, les montrera aux Ghisi ses élèves. Comment Jacques Callot n'aurait-il pas rencontré quelqu'une de ces sarabandes? Elles avaient de quoi tenter sa verve caustique, elles réveillaient en lui les vieilles histoires du pays, les contes effrayants des veillées.

Dans l'intervalle des besognes commandées, et pour éviter les applications soutenues si nuisibles aux artistes, il voulut essayer de retracer la légende du saint aux prises avec les esprits du mal. Mais la donnée n'était pour lui qu'un prétexte. Dès les premiers traits de son esquisse, saint Antoine se voyait reléguer aux derniers plans, dans une grotte éloignée, disparaissant au milieu des figures grimaçantes et hideuses. Au contraire les démons tiennent la bonne place; ils tombent du ciel, sortent des rochers, rampent ou s'envolent avec une furie incroyable. Chacun d'eux personnifie un vice humain; il y a les êtres difformes et pansus buvant à plein verre; les gnomes monstrueux affublés d'oripeaux mondains, bardés de cuirasses comme des héros de guerre, les nains bossus, chevauchant des carcasses renversées. Des coquecigrues effrayantes ont l'habit des moines, d'autres celui des princesses. Certains objets inanimés font tout à coup des mouvements, des rochers même s'animent et menacent. Sur la rivière qui les sépare du saint, des bacs inouïs sont lancés et envahis par des légions de bêtes audacieuses. Et le malheureux compagnon de saint Antoine, portant sa clochette au col, sert de monture au plus espiègle de ces fantoches, qui le roue de coups et le mène grand train.

C'est au plus juste la goutte d'eau vue au microscope où des myriades de reptiles s'agitent, s'entre-dévorent, paraissent rire. Mais si le jeune artiste y met de son cru, s'il enchérit sur ses devanciers, il ne les dépasse point en fantasmagorie; tout au plus y jette-t-il la note d'époque, remplaçant les toques ou les manteaux brabançons de Breughel et de Bosch par les feutres à plumes des bravi florentins. Et puis il est plus leste, plus maître de lui; le grouillement formidable procède chez lui d'un art parfait, d'une entente absolue des contrastes. Les plans ont dans son œuvre une énergie singulière, les distances infinies ajoutent à la grandeur du sujet.

La *Tentation de saint Antoine* eut une importance capitale sur l'avenir de Callot. Elle fut si répandue, si admirée, qu'on la considéra comme la première. Le graveur Mei Tinghi la copia en la grandissant, Téniers s'en inspirera dans la suite. Et Callot lui-même, dans sa retraite de Nancy, reviendra un jour sur la composition; il la reprendra en 1627 et la dédiera à Phelipeaux de La Vrillière, secrétaire d'État français.

Au milieu de ces travaux incessants, Jacques Callot n'oubliait pas la patrie lorraine. Il venait d'apprendre par son père les faveurs nouvelles que Jean des Porcellets, évêque de Toul, avait faites à sa famille à propos d'une maison de campagne au village de Bain-

Saint Mansuet ressuscitant le fils du roi.

ville. Jean Callot tenait du temporel de l'évêché cette ferme où lui et les siens venaient se reposer à la belle saison, et pour lui marquer son estime le prélat l'avait affranchie de tous droits et redevances. Comment reconnaître une courtoisie de ce genre? On songea à demander à Jacques quelque gravure où l'évêque occuperait la place d'honneur.

Il imagina de représenter un miracle du saint le plus populaire en Lorraine, de saint Mansuet ou Mansuy ressuscitant le fils d'un roi, tué en jouant à la paume. On a prétendu, et Félibien entre autres, que le saint Mansuy de Callot était la première pièce gravée par lui à son retour à Florence. M. Meaume, au contraire, s'appuyant sur la perfection des fonds, et la représentation de l'abbaye qui s'y trouve, soutenait qu'elle avait été conçue en Lorraine. Nous croyons, en nous reportant à la pièce inédite que nous citions plus haut, à un simple remerciement envoyé à l'évêque de Toul en suite de l'affranchissement de Bainville. Et d'ailleurs la scène de la résurrection se rapproche sensiblement des batailles des Médicis par la touche un peu sévère des figures, la dureté de certains détails. Tout le premier plan où saint Mansuy, sous les traits de Jean des Porcellets, bénit l'enfant mort, diffère essentiellement du paysage environnant, dans lequel la pointe se joue avec une finesse et une habileté merveilleuses. Mais pourquoi le graveur n'aurait-il point attendu son arrivée à Nancy pour mettre sa planche à son point définitif? On a bien d'autres exemples de ces retours aux travaux inachevés; l'essentiel était pour lui de faire acte de politesse et sa cour au prélat dans la mesure de ses moyens, en lui rendant grâces au nom de sa famille.

Il voulut rajeunir à son tour le massacre des Innocents, comme il avait rapproché de son temps le saint Antoine des vieux maîtres. Et la tâche n'était point si aisée, eu égard aux milliers de tableaux et de gravures traitant la scène, depuis les estampes de Raimondi avec des égorgeurs nus, à l'antique, jusqu'aux images où les soldats embrochaient les victimes à des hallebardes, les tuaient à coups de mousquet ou d'arquebuse sans plus de souci de la vraisemblance. Les foules lilliputiennes lui ayant réussi, la mode s'en étant propagée, il chercha à se surpasser encore, à mettre dans un champ à peine large comme la main des palais gigantesques, des rues immenses, des montagnes à perte de vue, et dans ce cadre une mêlée effroyable de mères échevelées poursuivies par les assassins, d'enfants coupés en morceaux, jetés par les fenêtres, écrasés sur les dalles de pierre. Tout au plus loin que se trouvent les acteurs du drame, dans le voisinage des temples qui bornent la vue, chacun d'eux garde sa physionomie. Les statues alignées à la bordure des édifices, grosses comme un grain de mil, ont leurs poses. Rien ne se perd ni ne se confond. Pour le suivre dans ces descriptions infinies jamais lassées, poussées aux

Le Massacre des Innocents.

limites extrêmes de la vision, il faudrait les prodigieux organes dont la nature l'avait doué. Et si l'on recourt aux moyens factices, aux verres grossissants, les trouvailles nouvelles se font, même sur ces collines du lointain dont les contours semblent à peine sensibles.

Voyez-le ménager, dans la scène principale, à travers l'écartement habile des maisons, les échappées de lumière sur lesquelles ses figurines se détachent en sombre! Opposées aux autres tenues dans les notes claires, elles contribuent à former un tout harmonieux, divers d'aspect, joyeux et gai en dépit du massacre. Elles rejettent bien loin les espaces, font comprendre les gris des murailles, expliquent les moindres faits. C'est la perfection idéale, le dernier mot de la gravure, le plus grand effort d'un artiste à sa maturité. Jamais Callot ne dira mieux et ne construira de plus immenses étendues; jamais il ne sera plus dramatique ni plus inspiré. Combien sont loin de cette minuscule estampe les énormes toiles bariolées de couleurs sorties des ateliers contemporains! On a appelé Callot un *petit maître*, dans cette manie de hiérarchie qui mène le monde, en mesurant son œuvre et en la comparant aux fresques niaises des Bolonais ou des Florentins, toisées à l'aune; petit maître parce qu'il ne s'attaquait pas aux banalités sonores et prétentieuses du grand art. Mais quel apôtre des sublimités hiératiques eût pu jamais l'égaler en invention, en fantaisie, en vérité? Quand il concevait un morceau, même minuscule, l'émotion vraie le gagnait et il savait communiquer son impression superbe. Là est tout le secret de son immense réputation et de la gloire qu'il s'est acquise. Callot était bien réellement un maître et un délicieux poète, effrayant ou satirique suivant le cas, à mettre au premier rang, à côté de ce Rembrandt que nous admirons jusqu'en ses verrues, mais bien plus haut que les copistes au burin, fussent-ils d'ailleurs Marc-Antoine, Edelinck ou Pesne.

Je dis là des choses que bien d'autres ont pensées et qu'ils n'ont pas écrites. Mais si l'on songe que le petit graveur lorrain a eu des imitateurs et des élèves qui sont Della Bella, Israël Silvestre et Lepautre, qu'il a pour ainsi dire créé l'école française des vignettistes du dix-huitième siècle en passant par Sébastien Leclerc pour arriver à Eisen et à Moreau le jeune, on ne saurait lui faire l'injure de le reléguer au second rang. Il brille au premier et à la bonne place dès les essais dont nous venons de parler; il est un maître à Florence comme dans le monde entier.

Livré à ses goûts, Jacques Callot se transformait pour ainsi dire. Quand il se cantonnait dans les limites étroites d'un travail commandé, sa main n'était plus la même. Après les combats célèbres des Toscans contre les Turcs en novembre 1617, on le pria de décrire les victoires dans des planches qui allassent porter la bonne nouvelle au loin. Il le fit de son mieux, mais l'entraînement n'y était pas; c'est, comme on l'a dit justement, Molière traduisant Xénophon, et rien d'autre. Toute la crânerie qu'il savait jeter dans les groupes, la furia des mêlées ne trouvait point à se produire dans les rencontres de galères. L'œuvre est habile, elle est attachante, mais elle n'a plus cette physionomie particulière que l'artiste donnait ailleurs avec tant de justesse. Pour la mieux résumer il eût fallu vivre sur mer, pénétrer la vie curieuse des matelots d'alors; Jacques Callot ne les connaissait pas, il parlait sur des ouï-dire et il n'osait se livrer.

Au contraire, s'il imagine de représenter dans une forme d'éventail ou d'écran les fêtes des tisserands et des teinturiers sur l'Arno, alors il redevient lui. Dans les rinceaux d'ornements qu'il met au premier plan, il assied cavalièrement mille charmantes figures. Un panorama énorme découvre à la fois les deux rives du fleuve, les ponts bondés de spectateurs; sur le quai, les groupes joyeux et endimanchés, les carrosses arrêtés, les gens pressés pour mieux voir les feux d'artifices et les joutes nautiques. C'est la lumière, c'est l'espace, c'est la joie d'un jour d'été. Maître de lui jusqu'à l'invraisemblance, Callot dit juste ce qu'il veut; pas un trait ne vient déranger l'harmonie des ensembles. Nos aquafortistes modernes, amoureux d'air et de soleil, ne sauraient y trouver rien à reprendre, il semble que le maître d'autrefois ait prévu les tendances de toutes les époques, et qu'il se soit ingénié à défier les critiques en faisant la nature elle-même.

Il faut bien le dire, au risque de contrarier la légende acquise, il est avant tout le peintre des foules, le poète des fêtes populaires. Les gueux, les grotesques

Combat de galères.

disparaissent devant les croquis merveilleux dont nous parlons. Toutes fois qu'il s'attaquera aux agglomérations bariolées il s'élèvera au plus haut, et s'il s'arrête à montrer quelque personnage unique sur une planche, il aura soin de semer au loin, derrière, les fourmillements d'un petit monde affairé, empressé, qui demeure la partie principale de l'œuvre.

Voici, par exemple, la suite de trois estampes vulgairement appelée les *Pantalons*, où Callot met en scène les comiques de la farce italienne. Il la composa vers la fin de 1619 sur les originaux eux-mêmes. Il y a là le Cassandre, le Capitan, le Zani Cornetto, trois compères transformés d'année en année au caprice des acteurs, et dont l'origine remonte aux premiers temps du seizième siècle. Cassandre, c'est le Pantalon, le vieillard amoureux et niais, affublé d'une toque et d'un nez invraisemblable. Zani Cornetto lèche les plats, fait mille espiègleries du plus mauvais goût; quant au Capitan, c'est le bravache, le héros fourbe et poltron qui tente d'en imposer aux simples.

Callot n'est point le premier qui se soit attaché à montrer ces fantoches dans l'exercice de leurs talents grossiers. Robert Boissard les gravait en 1597 dans un recueil de *Mascarades* dont le maître lorrain s'est inspiré, surtout dans la pose du Cassandre, penché en avant, la main passée sous les pans énormes du manteau. Mais ce que son prédécesseur n'eût certainement point osé entreprendre, ce qui reste le côté original du talent de Callot, ce sont les arrière-plans, les représentations microscopiques des tréteaux sur lesquels pérorent les bouffons devant la foule. Ce théâtre en plein vent si légendaire, si inconnu, c'est là qu'il faut le chercher en dépit des dimensions inusitées des figures, car rien n'y manque, ni les jeux de visage ni les attitudes, ni surtout l'ébahissement des assistants. Les *Pantalons* ne comptent point parmi les meilleures pièces de Callot, on leur reproche une certaine lourdeur; mais les critiques ont trop dédaigné l'accessoire, qui devient presque le motif principal. Là comme toujours le graveur s'exprime avec une intensité de réalisme, une sincérité d'accent que personne n'avait jamais eues.

Il a vingt-sept ans, il est plein de fougue et de génie; sa maîtrise est telle maintenant qu'il improvise à la pointe sèche sur le cuivre comme d'autres à la plume sur le papier. Un jour qu'il s'est égaré sur la place de l'Impruneta à Florence, il assiste à une de ces foires italiennes, de ces marchés internationaux, comparables à ceux de Beaucaire ou de Troyes, où tous les peuples se donnaient rendez-vous. Il est séduit par cet amoncellement énorme d'êtres, par ces tentes primitives faites de toiles étalées sur des bâtons, dans lesquelles vivent les marchands nomades. Çà et là, au pied des grands arbres séculaires de la place, les comédiens de passage ont installé leurs tréteaux; les guérisseurs, les arracheurs de dents font la parade devant les paysans flâneurs ou les seigneurs en carrosse égarés dans la bagarre. Tout un océan de petites têtes humaines agitées d'intérêts divers se pressent, courent à leurs affaires; chacun traduit sa volonté par des gestes, se mêle au las sans s'y perdre, s'éloigne ou se rapproche en des milliers d'attitudes.

C'était bien un peu, mais avec le cosmopolitisme en plus, les foires lorraines. Jacques Callot se sentit ému de cette fourmilière humaine, et sans rien décider encore il se prit à crayonner ces types nerveux et simples que les grands artistes dédaignaient comme un troupeau négligeable. Réunies entre elles, les esquisses formèrent bientôt les éléments d'une sérieuse étude qu'il se résolut à mettre au net sur le cuivre. Les nostalgies du pays natal lui étaient revenues, il s'apprêtait à reprendre bientôt la route de Nancy avec un gros bagage de renommée. Il voulut que la foire de l'Impruneta consacrât sa réputation.

Il en fit un chef-d'œuvre, une perfection dans l'effet général et dans le détail. Il est certain qu'on peut regarder longtemps cette admirable page sans le moindre ennui ; c'est la nature elle-même qui se meut et qui passe. Cosme II lui prodigua des compliments très flatteurs et attacha sur sa poitrine les insignes de son ordre ; les amateurs se disputèrent les premières épreuves avec une âpreté dont nos collectionneurs modernes donnent à peine l'idée. Cinq ans séparaient Callot de ses premiers débuts dans l'atelier de Parigi, et sa mesure était donnée tout entière. Les *Caprices*, la *Tentation* et l'*Impruneta* eussent suffi à sa gloire ; mais son œuvre secondaire était énorme. Aux titres ingénieux mis par lui en tête de la tragédie de l'*Har-*

Partie de la foire de Florence, dite l'*Impruneta*.

palice, du Saint François d'Assise, de la *Fiesole distrutta*, il faut ajouter plusieurs planches d'armoiries, des portraits hors de pair, entre autres celui de Donato dell'Antella dit *le Sénateur*, celui de Peri dit *le Jardinier*, et quantité de petites estampes telles que la *Veuve de Sarepta*, le *Catafalque de l'Empereur Mathias*, les *Péchés capitaux*. Son imagination jamais lassée s'était pliée à toutes les exigences ; à l'âge où ses amis commençaient à peine, il était parvenu au sommet de son art. Et comme s'il eût compris que les forces lui faudraient en pleine jeunesse, il se hâtait de produire, d'ajouter sans relâche une nouvelle page à son histoire. Telle est son audace, comme nous le disions, qu'il oublie parfois de vernir une planche, et qu'il improvise à la pointe les paysages de ses fonds. Le docteur Jacintho Andréa Cicognini rapporte même que, s'étant avisé de renforcer les foules de l'*Impruneta* avant de livrer le cuivre au tirage, Callot ne fit aucune préparation préalable ; il écrivit ses pensées au courant de l'outil, semant çà et là les vides de figurines tard venues.

Sur ces entrefaites, celui qui allait devenir duc de Lorraine sous le nom de Charles IV traversa Florence. Il apportait à l'exilé le parfum inoublié de la terre natale. Cosme II n'était plus, et des promesses engageantes venaient de la cour lorraine. Callot reprit la route de Nancy, mais les instants joyeux de la jeunesse insouciante avaient fui pour toujours.

IV

CALLOT A NANCY. 1622-1625.

Callot grave un certain nombre de planches sur des sujets italiens. — Les *Bohémiens*. — L'organisation de la mendicité au dix-septième siècle. Les *Baroni*. — Les Grotesques, les *Gobbi*. Fausse idée qu'on se fait de Callot à ce sujet. — Les anciens peintres de Grotesques. — Manière spéciale dont Callot comprend la montagne. — Callot reprend, pour une édition à Nancy, ses œuvres d'Italie. — Les *Caprices* de Nancy. — Ses œuvres de piété. — La *Noblesse*. — Les dons gracieux faits à Callot par Henri II, duc de Lorraine. — La planche des *Supplices*. — La *Foire de Gondreville*. — La *Petite Passion*. — Les estampes religieuses.

La première année du retour fut une période féconde pour le graveur. Il rapportait d'Italie les notes de voyage, les esquisses prises là-bas, peut-être aussi des planches commencées qu'il n'avait pas eu le loisir de terminer. Son arrivée fut un triomphe; les plus prévenus subissaient le charme de ces images qui paraissaient autant de joyaux de la patrie nancéienne. Au milieu du repos qu'il s'en alla goûter dans cette maison de Bainville enrichie par lui, Jacques Callot compare les joies du foyer aux misérables chevauchées du départ, aux rencontres bizarres des routes, aux angoisses de ses débuts parmi les indifférents ou les malintentionnés. Le moment psychologique était venu de reprendre fil à fil toute sa vie, de repasser sans honte au dedans de lui-même les cohabitations avec les bohémiens, la fréquentation des coupe-jarrets ou des comédiens en plein vent. Et comme on le presse de questions, qu'on veut savoir la vérité, il va transporter sur le métal quelques feuillets de ses livres de route; il montrera aux siens les brigands magnifiques rencontrés sur le chemin d'Italie. Il n'a même pas oublié complètement ses classiques, car il dira dans un distique tout ce qu'il a pu deviner de leur existence, de leur but, de leurs odyssées ténébreuses.

L'impression a été si forte sur l'enfant qu'elle est demeurée tout entière et vivace chez l'homme fait. Il n'a rien perdu de ce qui l'avait épouvanté et charmé chez les bohémiens. S'il les idéalise un peu dans la gravure, c'est que sa naïveté s'est émoussée au contact italien et qu'il s'est appris à mettre du sien dans les choses vues. Les seigneurs florentins des *Caprices*, les acheteurs de l'*Impruneta* étaient bien un peu les Bohémiens, mais ceux-ci s'inspireront à leur tour des gentilshommes toscans, porteront comme eux la plume ou l'épée et s'uniformiseront sous l'outil de Callot qui sait fausser la vérité juste assez pour demeurer vraisemblable. Quand donc il se résout à peindre la caravane errante qu'il avait autrefois suivie, c'est par attrait des oppositions, par amour du pittoresque, et par fierté du chemin parcouru depuis ce temps lointain. Lui, Jacques Callot, graveur des ducs de Lorraine et de Toscane, personnage admiré et recherché dans les cours, était allé à la conquête du monde avec ces vide-goussets. Les voici cheminant à queue-leu-leu sur les haridelles apocalyptiques volées sait-on bien où ; leurs femmes se prélassant avec une nonchalance asiatique, leurs fils courant en avant, traînant en arrière et ramassant de-ci de-là ce qu'ils rencontrent.

> Ne voilà pas de braves messagers
> Qui vont errants par pays estrangers.

Tous les pays sont étrangers pour eux, car ils n'ont pas de patrie, pas de richesses, pas de but fixe. Ils vont droit devant eux sans grand souci des maréchaussées qui les craignent, des officiers municipaux qui les fuient.

> Ces pauvres gueux pleins de bonadventures
> Ne portent rien que des choses futures.

Ils vivent au hasard, moitié de charités, moitié de rapines. Ils lisent l'avenir dans les mains, attroupent les paysans tandis que les habiles de la bande mettent les maisons délaissées en coupe réglée. Quand ils auront bien bu, bien ripaillé au coin d'une forêt, ils reprendront leur voyage, voyage éternel comme celui du Juif errant; rien ne les intéresse que les franches lippées.

> Au bout du compte ils treuvent pour destin
> Qu'ils sont venus d'Ægypte à ce festin.

Mais tels que les voilà, surpris par un artiste habile, ils accusent la tendance nouvelle de Callot, le caprice de mettre en scène les déshérités et les pauvres, les gueux et les estropiés de la vie. Une évolution se fait en lui qui sera la plus féconde sinon la plus méritante. Il sait que les maîtres du Nord ont aimé et recherché les misères, qu'ils les ont dramatisées et poétisées; pourquoi ne les suivrait-il pas dans cette voie populaire plus facilement goûtée d'un chacun? Dans ses expéditions, il n'a pas vu que des bohémiens, il a rencontré partout cette grande armée des misérables cherchant leur vie, troupe formée d'éléments divers, de types spéciaux dont la nomenclature serait bien longue. Partout la mendicité passe, ingénieuse à forcer la pitié aussi bien en France qu'en Italie. Ce sont les *Hubins*, qui se disent mordus par des chiens enragés et s'en vont dans les Ardennes pour y chercher remède; les *courtauds de boutanche*, compagnons du tour de France, pauvres ouvriers sans argent et sans chaussure; les *malingreux*, couverts d'ulcères et de plaies, traînant leurs grègues; les *sabouleux*, feignant l'épilepsie et sachant tomber au bon moment, en présence des dames sensibles. Et

Ne voila pas de braues messagers
Qui uont errants par pays estrangers

Estampe de la suite des Bohémiens. — La caravane.

les *polissons* quasi tout nus, les *milliards* empêchés par un lourd bissac rempli de croûtes, les *mercandiers* jouant aux commerçants dévalisés, les *rifodés* ruinés par de prétendus incendies, les *orphelins*, sans compter les *drilles*, variété encombrante de l'espèce, qui mendie l'épée ou le bâton à la main sur les grandes routes.

« Ce sont là vilains métiers qui font pendre les maîtres », disait le proverbe parisien d'alors; mais quelle mine pour le peintre de mœurs, quelle séquelle merveilleuse à décrire sous ses haillons, dans ses attitudes éplorées ! On a prétendu que Callot avait rapporté ses modèles d'Italie, la terre classique des mendiants,  mais nous les croyons tout aussi bien découverts en Lorraine. Le titre seul est écrit dans la langue du Dante par ironie ou par pédantisme; un être déguenillé et crasseux le porte avec crânerie sur une bannière. C'est le capitaine des gueux, le grand coësre de cette réunion de misères cosmopolites, le *capitan de Baroni*! Et chaque feuille de la suite nous dévoile une horreur nouvelle. Les coquillards fauxbourdons, affublés des défroques de pèlerins, piaillant un cantique à l'honneur de saint Jacques, les seuls rencontrés en Italie, et qui, dans le principe, ne faisaient point partie du recueil. Les malingreux étalant leurs plaies, tenant leurs jambes torses comme une guitare et la montrant aux passants ; l'éclopé des guerres, penchant la tête dans un curieux mouvement de supplication ; le milliard traînant la besace, le cagneux boitaillant horriblement, le cagot marmottant sur un rosaire énorme et tirant l'œil, un de ces chapelets dont parle La Fontaine :

Long d'une brasse et gros outre mesure.

Ce sont des Lorrains ceux-là, des rôdeurs attitrés de la Carrière, des Nancéiens de la vieille roche, comme le sont aussi les vieille commères leurs compagnes, coiffées des bonnettes blanches conservées dans l'Est jusqu'à nous. Et voyez quelle coquetterie elles déploient dans leurs guenilles ! L'une s'est taillé un manchon dans une peau de chat, l'autre porte une fraise, une fraise démodée alors, mais qui devait produire au temps de Callot l'effet de ces chapeaux à plumes dont se coiffent les mendiantes incroyables de Londres. Une jeune drôlesse traîne après elle trois marmots, déjà des gueux, dont l'un, de quatre ans à peine, la suit avec la plume au feutre. Dans ces vingt-cinq estampes lestement troussées, Callot est bien lui-même et ne relève que de lui; il a voulu montrer à ses compatriotes que les meilleurs sujets ne sont pas toujours au delà des monts, et que lui aussi pouvait à son heure faire œuvre lorraine. Et pourtant il s'est abstenu de mettre des fonds à ses figures; il les a laissées livrées à elles-mêmes, sans le décor obligé de ses précédents ouvrages. Gravées d'une pointe ferme, puissante, elles semblent à première vue taillées au burin; elles ont toutefois l'imprévu des dessins à la plume, une franchise de diction extraordinaire. On sent que le maître s'est peu à peu séparé des errements italiens, qu'il délaisse les exiguïtés de Tempesta ou de Canta Gallina,  pour s'inspirer plus naïvement des modèles.

Les gueux furent un de ses succès les plus subits et les plus durables. Les fêtes italiennes, la foire de l'Impruneta, le massacre des Innocents étaient oubliés ou méconnus que les *baroni* se répandaient partout en France. Un copiste médiocre, Esme de Boulonnois, les imitait bientôt dans un livre de proverbes édité par Lagniet. Toutes fois que des graveurs eurent à mettre en scène la misère en haillons des grandes villes, les mendiants affreux, ils firent des emprunts à Callot, sans démarquer, comme s'ils se fussent inspirés d'un classique tombé dans le domaine universel. Et peut-être cet entraînement populaire pesa-t-il au grand artiste; il avait trop conscience de la valeur de ses précédents travaux pour attacher à ces bleuettes l'importance excessive que le public leur donnait. Peintre des gueux, lorsqu'on est bien plutôt le peintre des foules ou des fêtes, le merveilleux ordonnateur des fouillis, le créateur de la distance et des espaces dans des champs microscopiques !

Les Grotesques dont on lui fait tant d'honneur aussi n'ont pas même dans son œuvre une place équivalente à celle des Gueux. Ici il copie et il transforme. L'idée première de ces monstres aux têtes exagérées, aux jambes torses, n'est point florentine ni génoise comme le pensait Mariette. Si Callot a connu Bracelli, sorte de maniaque italien qui cherchait à rendre la figure humaine par je ne sais quel bizarre enchevêtrement d'objets inanimés, il n'a rien retenu de lui. M. Meaume disait que Bracelli était au maître lorrain ce que Béroalde de Verville est à Molière. Mais, quelque respect que nous professions pour les opinions du biographe de Jacques Callot, nous avouons ne pas saisir très bien la comparaison. Bracelli n'est pas Son œuvre est un jeu dément, sans portée aucune, que l'autre se fût bien gardé d'imiter jamais, à supposer qu'il l'eût feuilletée. Pour donner une idée des imaginations innocentes de Bracelli, un seigneur est figuré par lui sous la forme d'une planche de bois, surmontée d'un seau renversé servant de tête. Une équerre de maçon est un bras posé sur la hanche; une pioche terminée par une truelle est l'autre bras étendu; les jambes sont un pic de carrière et une pelle. Le pauvre diable qui concevait ces chimères

mourait de faim; élève de Paggi, il cherchait à forcer l'attention par des farces plus lugubres qu'elles n'étaient drôles. Callot avait mieux à faire qu'à le suivre dans ses divagations saugrenues, et s'il s'en fût tenu aux transalpins, il eût rencontré chez Léonard de Vinci quelques modèles de visages grotesques dont il eût pu faire profit. Mais il trouvait plus encore dans les maîtres flamands, entre autres dans Bosch ou Breughel, ou dans ce Gilles Coignet d'Anvers, qui avait composé en Italie une décoration entière « en grotesque à la manière française » entre Lorette et Terni. Karl van Mander, qui nous apprend la chose, parle des modèles français comme d'une monnaie courante en matière d'inventions caricaturales; rien n'est plus vrai.

Les conceptions fantastiques, les chimères, les gnomes avaient chez nous une origine bien ancienne. Ils remontaient aux ornements figurés des vieilles basiliques romanes, transportés dans le gothique et continués par la Renaissance. Les monstres à tête d'homme et à corps de bête, les nains hydrocéphales, les monstres ailés, torses, creux, bossus, les évêques à corps de faune, les sirènes à museau de chien, formaient l'économie habituelle du décor dans les chapiteaux ou les volutes des porches. De la sculpture ce monde d'êtres fantastiques s'était répandu dans la miniature, le dessin des lettres ou des fleurons. Les peintres de la fin du quinzième siècle transportèrent dans la peinture ce monde idéal devenu classique, et les Flamands, les Allemands aussi, essayèrent les inventions françaises. Chez nous la farce s'en inspirera à l'époque de transition théâtrale entre les mystères et les bouffonneries. Nous les avons retrouvés dans les prétendus songes drolatiques de Pantagruel « de l'invention de Maistre François Rabelais, et dernière œuvre d'iceluy pour la récréation des bons esprits », édités par Jean Prétois à Augsbourg en 1597.

Mais nous pourrions signaler aussi comme un modèle du genre, presque un chef-d'œuvre si le mot n'était bien gros pour ces choses, une sorte de frise gravée sur bois au temps de Henri II, et représentant les noces incroyables de Lucrèce aux yeux de bœuf. Rien ne se rapproche plus des *gobbi* de Callot, de ces bossus minables, matamores rachitiques et grimaçants dont on lui fait honneur comme d'une conception originale. Certes il n'a copié ni les uns ni les autres, mais il les a vus chez autrui, et s'est fait une opinion. Il a agrandi la donnée, il l'a rajeunie et mise à la mode de son temps. Les gobbi n'ont plus le pourpoint court et les brayettes des fantoches invités au mariage de Lucrèce; ils participent à la fois des Bohémiens, des baroni, des déclassés de toute catégorie, drapés dans leurs oripeaux, tirant l'épée, et laissant traîner leurs plumes sur l'épaule. Au fond l'idée de ces caricatures ne lui était pas venue en Lorraine; il avait apporté ses projets de Florence, mais il les consigna sur le cuivre en les mettant au goût spécial de ses compatriotes et de ses contemporains. Par malheur il caressa trop ces excentricités bouffonnes, il eut trop de plaisir à dessiner les gueux et les grotesques; sa manière s'en ressentit souvent plus tard, même dans les sujets plus graves, et la suite de saints qu'il donna ultérieurement est encore une réunion de mendiants lorrains. La réflexion de Mariette, qui établissait un parallèle entre Dassoucy, Scarron et

Callot, cherchant à prouver les tendances opposées des deux premiers, voués au burlesque à propos de tuot, et celles de Callot qui n'en faisait qu'à ses heures, la réflexion de Mariette perd de sa valeur quand on regarde les Saints.

A son arrivée à Nancy, peut-être même avant ses autres travaux, Jacques Callot avait essayé le paysage, non le paysage sur nature, la description terre à terre des campagnes, mais la peinture idéalisée des champs telle qu'on la comprenait alors. Une particularité de ces études d'imagination, ce sont les montagnes et les rochers traités à la façon italienne, en taupinières arrondies, brusquement escarpées, impossibles à escalader sinon par des échelles. L'amour des horizons immenses le trahissait un peu, et il est souvent mal à l'aise en face des lointains. Plus il veut être grand, plus il s'égare; il ne redevient lui-même que dans les scènes plus tranquilles, quand il décrit une rustique cabane environnée de jardins où des femmes travaillent, petits coins du pays natal qu'il a sans cesse sous les yeux. Le port de mer au contraire, avec sa ville dominée par une montagne, ses ruines abruptes, c'est l'Italie, le souvenir qu'on redit un peu de mémoire. Mariette voulait que ces quatre planches eussent été gravées à Florence; il s'appuyait sur ce fait que le cuivre original du port de mer portait au verso une esquisse à l'eau-forte pour les *Guerres des Médicis*. Mais le tirage combat cette opinion;

toutes les épreuves, même celles du premier état, avant que le graveur ait écrit son nom, sont sur papier de Lorraine, avec le filigrane au double C couronné ; c'est donc bien à Nancy que le maître les publia pour la première fois.

Les ducs de Lorraine ne se contentaient pas des rares exemplaires de pièces célèbres apportés de Florence par l'artiste, ils voulaient les répandre ; mais le moyen? Les originaux étaient demeurés là-bas chez des avares qui ne les eussent point livrés. Callot s'essaya à redire une seconde fois ses propres idées, à reprendre le *Massacre des Innocents* ou la foire de *l'Impruneta* pour une édition nancéienne. Hélas! sa main si habile à suivre la pensée, à courir d'invention en invention, ne sait pas revenir en arrière pour recommencer une œuvre. La pointe semble alourdie, incertaine, et malgré tous ses efforts ne retrouve plus ses premiers dires. Préoccupé de mille choses, l'artiste perd de vue l'harmonie des ensembles ; s'il fait un mot à mot serré, il oublie les effets colorés. Il est tellement inimitable dans son premier jet, tellement concis, que lui-même est impuissant à se copier. Mieux eût valu faire table rase des succès passés, et reconstituer les mêmes histoires sous une forme différente, que de chercher ainsi à remettre le pied dans l'empreinte de ses pas. Et pourtant la dextérité merveilleuse s'est encore accentuée chez Jacques Callot dans les productions de prime saut. Jamais il n'a été à la fois plus sobre dans l'expression ni plus admirablement explicite dans la sobriété. Pas un point, pas un trait qui ne soit à sa place juste, mathématique; la moindre figurine perdue dans une fourmilière d'êtres est elle et non autre.

Ce sont encore des *caprices* qu'il entreprend, mais ils ont cette fois un goût de terroir des plus prononcés. Destinés comme ceux de Florence à servir de modèles pour le dessin à la plume, les personnages qui y sont représentés ont pour la plupart leur esquisse au trait. Le choix est cosmopolite, on y rencontre des Italiens, des Hongrois ou des Turcs, mais les Lorrains y dominent. Par coquetterie de voyageur, il décorera l'album d'un titre italien : *Varie figure di Jacopo Callot*, étiquette destinée à faire valoir la marchandise. Voici bien le peintre de mœurs, le très habile interprète de la vie lorraine au commencement du dix-septième siècle. Le frontispice à lui tout seul vaut le reste, car il nous montre dans sa simplicité primitive, le marchand d'estampes ambulant, le porteur de balle, installé sur une place publique et étalant ses richesses. M. Meaume l'avait pris pour un escamoteur, le misérable hère, tant son équipage inspire peu de confiance!

Dix-sept pièces composent cette suite charmante, débarrassée des exagérations d'attitude ou de costumes que Jacques Callot avait si longtemps empruntées à ses maîtres ultramontains. Et les fonds oubliés un instant dans les *Gueux* ou les *Gobbi*, réapparaissent avec leur délicatesse exquise, complément et paraphrase explicative du personnage

Titre des *Varie figure*.

principal. Au soldat, un arrière-plan de pillage; à la paysanne, un lointain avec un cabaret où boivent des hommes. Tout cela dans la note discrète et si particulière inventée par le maître, jeté fièrement sans repentirs et sans accrocs sur le métal, impression joyeuse dans une œuvre plus guindée eu égard à son but et à ses prétentions. Il faudra attendre le dix-huitième siècle et les vignettistes illustres de la pléiade pour revoir chez nous des eaux-fortes à ce point attachantes et spirituelles ; et encore n'auront-elles pas cette pointe de réalisme qui leur communiquerait un attrait plus subtil et plus saisissant.

Les deux dernières planches de la série sont conçues avec la liberté absolue d'un artiste en verve. Ce sont des gens de campagne, des Lorrains pur-sang, Un vigneron et sa femme sur un tertre faisant les « quatre-heures » ; des jeunes filles assises au pied d'un arbre et gardant des bestiaux. La touche naïve des anciens a disparu, les modernités se devinent ; on pressent dans les filles coquettement troussées de court, coiffées joliment de petits bonnets, les bergères des pastorales futures. Le mouvement naît ; Callot, c'est le trait d'union entre les crudités naturalistes des Flamands et les idylles parfumées de Mme Deshoulières.

Il glanait ses inspirations à Bainville dans la ferme du père, au milieu des veillées d'hiver, quand le chanvre se tille et que les paysannes font courir le dévidoir. Il composa sur ce thème tranquille deux très petites esquisses enlevées de brio sur le vif, à mettre près des meilleurs griffonnis de Rembrandt. Une dévideuse et une fileuse ! Un sentiment raffiné se dégage de ces figurines, il en sort comme un parfum pénétrant de campagne ; c'est le chant de repos comme les Bohémiens sont la chanson fiévreuse des voyages. Tempérament supérieur de poète et d'artiste, qui sait à ce point exécuter des variations sur des sensations éprouvées, et qui peut les faire comprendre aux autres !

Il interrompait ses travaux plus importants, la

La Dévideuse et la Fileuse.

reprise de ses œuvres florentines, pour écrire en hâte ces idées fugitives sur le cuivre. Il s'était remis aux estampes de piété, aux portraits, à la gravure d'armoiries. La Dévideuse et la Fileuse se placent entre le *Martyre de saint Sébastien*, les *Armes de Lorraine*, *l'Arbre de saint François* et le portrait équestre du prince Louis de Phalsbourg, bâtard du cardinal de Guise et généralissime des troupes du duché. Jacques Callot, entrainé par sa réputation, ne s'arrêtait vraiment plus. Dans l'année 1623, la seconde passée à Nancy, il exécuta plus de cinquante planches diverses; il en avait fait autant l'année précédente. Fécondité prodigieuse, et telle qu'on aurait peine à y croire si la plupart de ces pièces ne portaient une date précise et la mention exacte de leur publication. Pourtant le corps se surmenait à suivre la pensée; Callot sentait que son bail de gloire ne serait pas de longue durée, et l'idée fixe d'une mort prochaine le poussait à produire davantage.

L'Italie est loin maintenant, elle est le passé pour lui. Avec le tact qui le dirige en toutes choses, il a compris que le retour fréquent aux Romains ou aux Florentins pourrait fatiguer ses compatriotes. Aussi bien, s'il n'est pas le naturaliste dans l'acception ordinaire du mot, s'il met dans ses interprétations de l'homme ou des paysages sa note à lui, il ne saurait travailler uniquement de tête sur des souvenirs. Adieu pour toujours aux transalpins!

Il entreprend de mettre en scène les grands par antithèse aux gueux, et ce sont les seigneurs et les dames de Lorraine qu'il nous montrera, classe hautaine, entichée de ses privilèges, provinciaux accoutrés aux modes passées, cavaliers batailleurs et dames empanachées. Ses meilleurs amis et lui-même défilent dans la série de onze estampes publiées à

Le gentilhomme.

Nancy. Je ne suis point éloigné de le reconnaître dans ce cavalier affublé de bottes et d'éperons énormes, enseveli dans un de ces manteaux à la Balagny, mis en honneur en France par le fils du triste défenseur de Cambrai, et que les Parisiens ont oubliés déjà. Les Nancéiens en sont encore à la fraise, à la fraise de Henri IV, ils l'exagèrent avec un mauvais goût indéniable. Les dames feraient aussi triste mine à la cour du roi de France; elles ont gardé leurs atours de l'ancien temps, elles seraient à Paris de véritables caricatures. Il les voit adorables, et pour nous elles sont telles parce que nous ne pouvons les critiquer que par comparaison.

Six seigneurs et dix dames forment la suite. Chacun d'eux se meut sur un de ces décors d'arrière-plan dont nous avons eu si souvent occasion de vanter les dispositions ingénieuses. L'homme de guerre a là-bas son cheval gardé par des écuyers sur une place publique. Le courtisan salue avec grâce au milieu d'une promenade peuplée de monde. Celui-ci a les mains jointes dans un mouvement plein de vérité et d'abandon, et tout au loin derrière lui se voit une rue où passent des gens à cheval, où des gueux mendient. La femme en deuil laisse entrevoir un enterrement lilliputien dans un chemin creux; la demoiselle, une danse champêtre; la bourgeoise, un marché de ville; la coquette masquée, un quartier riche où passent et repassent les galants, les carrosses et les promeneurs.

En dépit des errements immuables de l'invention, Callot évite les redites; il reste toujours le même et pourtant il sait tirer de son motif, invariable dans l'agencement, les variations les plus inattendues. L'enthousiasme pour ces tableaux de la vie journalière fut extrême; les princes lorrains craignirent de voir quelque jour ce puissant génie leur échapper, comme tant d'autres qui n'étaient point revenus. Le duc Henri II s'était ému de cette possibilité, et pour y pourvoir de prompt remède, comme on disait alors, il comblait l'artiste de présents, d'octrois gracieux. Une lettre de lui au receveur de Blamont laisse entrevoir ses craintes :

« L'estime singulière, écrit-il, que nostre cher et bien aimé Jacques Callot graveur en tailles-douces s'est acquise en cest art tant en Italie qu'es autres provinces, ou il s'est formé pendant plusieurs années en la congnoissance plus exquise dudict art, et la preuve que nous en avons par divers ouvrages qu'il nous a fait voir de sa main, nous ont donné sujet de l'aider à s'establir par deçà, et lui donner quelques moyens de nous servir et au publicq. C'est pourquoi nous ayant fait entendre que s'il nous plaisait l'honorer de quelqu'effet de nostre gratitude il s'arresteroit volontiers à nous rendre ses très humbles debvoirs et services et témoigner l'affection qu'il doit à sa pa-

La Dame lorraine.

trie, sans adviser aux autres occasions qui le peuvent distraire de cette résolution. »

Je le disais en commençant, les peintres ou les graveurs étaient des artisans d'une classe supérieure, mais des artisans, et comme tels se contentaient de peu. Henri de Lorraine offrait à Jacques Callot un cadeau en nature, neuf cents paires de réseaux de froment et d'avoine à prélever en trois années successives sur la culture de Blamont. C'était un assez riche don, et le graveur s'en déclare amplement satisfait. Il avait la vie assurée, sinon par son travail, peu rémunérateur en soi, du moins par ses récoltes de Bainville, la petite rente que lui servait son père et les avantages dont nous venons de parler. Il regrettait moins la Toscane, ses princes et la *parte* dans le palais; sa situation était équivalente, il n'aurait plus le souci d'aller querir la fortune ailleurs.

Non qu'il plaçât l'intérêt matériel au-dessus des jouissances morales. Rien ne l'occupait davantage que les perfectionnements à apporter dans son art. Il s'y donnait tout entier, sans réserve, et ne vivait guère que pour cette jouissance. Il s'avisa même un jour que, depuis ses estampes célèbres d'Italie, il avait négligé les infiniment petits, origine de sa réputation. Il voulait un pendant aux *Guerres d'amour*, à la foire de l'*Impruneta*, aux fêtes de l'Arno, une planche de dimensions restreintes où il

pourrait faire mouvoir des multitudes. Une chose
frappait le Lorrain, c'était la multiplicité prodigieuse
des supplices inventés pour châtier les criminels ; les
hautes et les basses justices avaient en cette matière des
ressources alors infinies ; peu de jours se passaient à
Nancy sans qu'on pendît un larron, qu'on brûlât un
sorcier ou qu'on rouât vif un sacrilège. Pays de fron-
tière, enserrée par la France d'une part et l'Allemagne
de l'autre, traversée sans cesse par les camps-volants
ou les coupe-jarrets de toute espèce, la Lorraine
appliquait ses coutumes avec une précision terrible,
aux moindres infractions. Jacques Callot, sceptique,
comme les voyageurs revenus de loin et qui en ont
vu bien d'autres, s'attacha à décrire toutes les formes
de la répression. Mais dès les premiers traits de
pointe la satire paraît ; à côté du bûcher où se tord
un grand coupable, près de la voie où gémit un
moribond, dans le mélange horrible des estrapades,
des piloris et des potences, une mère lorraine donne
le fouet à son enfant. « Supplicium sceleri frœnum ».
Le supplice châtiment du crime !

> Voy lecteur comme la justice,
> Par tant de supplices divers,
> Pour le repos de l'univers
> Punit des meschants la malice ;
> Par l'aspect de cette figure
> Tu dois tous crimes éviter,
> Pour heureusement t'exempter
> Des effets de la forfaicture !

L'ancien compagnon des Bohémiens avait la conscience moins pointilleuse que les juges de Nancy, et j'imagine que cet amoncellement immodéré d'horreurs visait à un autre but qu'à celui de faire détester le crime seulement. Quoi qu'il en soit, Callot ne fut jamais plus extraordinaire. L'effroi, l'horreur, la curiosité sont peints sur les visages; les attitudes des personnages plus éloignés ont une allure incroyable de vérité et de vie. Rien d'omis et rien de trop. Ce sont là-bas des maisons hautes d'un centimètre, où les moindres sculptures se devinent, non point léchées et agaçantes, mais surprises d'un coup. Dans le coin de l'une d'elles, une niche, et dans cette niche une statue de la Vierge portant l'enfant Jésus! Imaginez la taille de cette statuette, placée en perspective idéale à plus de cent mètres du spectateur, quand ce spectateur n'a pas 20 millimètres. Sans doute ce sont là de purs tours de force, mais qui les peut faire? Et qui peut surtout marquer l'intention, la volonté, la frayeur, toutes les passions, en un mot, dans un peuple de fourmis comme le sont les figures des supplices? Les *Caprices* de Florence étaient une étape féconde dans la manière de Callot, l'*Impruneta* était un chef-d'œuvre, les *Supplices* ont encore gagné. L'artiste s'est complètement dégagé des errements originels. Il peint ce qu'il voit, comme il le voit, sans aucune influence étrangère.

Une fois lancé dans cette voie, Jacques Callot revint

également aux fêtes, mais aux fêtes de son pays, rustiques et tranquilles. La physionomie de ces réjouissances annuelles n'avait rien des luttes entre les tisserands ou les teinturiers sur l'Arno; on n'y tirait aucun feu d'artifice, on n'y joutait pas sur des gondoles. Sur la place paroissiale, balayée pour la circonstance, au pied d'un vieux chêne, une danse rustique entraînée par des cornemuseux modestes; des joueurs de boules qu'on dirait venus en droite ligne des Flandres; et puis des tas de fumier, des bêtes errantes un peu partout, le seigneur du village venu pour voir, avec sa femme à qui des jeunes filles offrent un mai. Les collectionneurs ont appelé cette jolie pièce la *Foire de Gondreville,* bien qu'il n'y ait en cela pas l'ombre de marché public. Quant au mai dont nous venons de parler, Mariette le réputait un usage italien, sans se douter que de son temps cette coutume existait encore, puisqu'elle est venue jusqu'à nous dans les *trimazas.* Mais à quoi bon parler des érudits qui discutent et ergotent sur tout pour chercher à corroborer leurs hypothèses? Mariette voulait que la fête de Gondreville fût italienne; le mai lui servait de preuve à défaut d'autre, il était parti sur cette idée; M. Meaume a fait prompte justice de cette erreur.

La planche des *Joueurs de boules,* pour lui donner son autre appellation savante, est rare en bon état. Le cuivre mou sur lequel Callot l'avait gravée s'est écrasé au tirage, les fonds se sont rapidement effacés, si bien que dans les publications ultérieures ils apparaissent salis et incomplets. Mais dans son premier état elle est harmonieuse et gaie. Les figures, plus clairsemées que d'habitude, laissent tout l'intérêt au paysage.

Les compositions religieuses occupèrent une grande partie des années 1623 et 1624. Callot fit dans ce genre la Passion de Jésus-Christ, dite la *Petite Passion*, œuvre remarquable, originale et mouvementée bien éloignée des travaux similaires de ses contemporains. On a peine à croire que dans une surface de sept centimètres de haut sur cinq de large l'artiste ait pu développer complètement sa pensée, et pourtant rien ne manque. Mariette, qui connaissait les dessins sur lesquels Callot avait brodé ses eaux-fortes définitives, écrit à ce sujet dans ses notes manuscrites : « Ces dessins sont au crayon, lavés au bistre et touchés avec un esprit infini. Mais comme il n'y a que l'âme, et que rien n'est digéré, il fallait être Callot pour trouver de si jolies choses au bout de sa pointe. Il est pourtant vrai que pour ces petits dessins, il avait fait de chaque figure des études comme s'il eût dû les graver en plus grand. J'en ai plusieurs[1], et qui font voir combien il était curieux de bien faire. Il ne reparaîtra pas de sitôt un tel homme. »

1. Ces dessins sont au Louvre.

On juge par là quelle conscience le maître apportait dans ses moindres productions. Quand il se résout à transporter ses croquis sur le cuivre, il les a longuement caressés, repris et étudiés. Quelquefois même il enlève au repoussoir sur le métal les figurines qui lui paraissent inutiles ou mal au point, telles que ce faisceau de verges de la flagellation de Jésus-Christ rencontré dans le premier état de sa planche, et depuis gratté par lui. S'il lui arrive d'improviser à la pointe comme dans la foire de l'*Impruneta*, c'est qu'il a conçu par avance et déterminé sévèrement ce qu'il veut décrire; il n'est sûr de lui que dans la transcription de sa pensée, il sait ce qu'il va dire.

Il grava dans ces mêmes années le *Grand rocher* pour le comte de Tornielle, son ancien protecteur à la cour pontificale, sorte d'allégorie sur les aigles par allusion à la devise du comte : *Nec imbellem feroces progenerant aquilæ columbam*. La montagne imaginée par lui procède de sa manière habituelle de comprendre les rochers; c'est une masse ronde dont la pointe la plus élevée domine un massif de fortifications auquel on accède par une suite de degrés; au bas, la mer.

Il fit également la suite dite des Quatre banquets, sur les *Noces de Cana*, le *Repas chez Simon*, la *Cène*, et les *Disciples d'Emmaüs*, un *saint Laurent*, le *Porte-Dieu* ou le petit prêtre portant l'Eucharistie, toutes estampes charmantes d'expression et de finesse.

Les *Martyrs du Japon* sont un peu plus une image de piété, conçue dans les données du Wiérix; elle est de celles qui n'augmentent en rien la gloire d'un maître.

V

CALLOT A BRUXELLES. 1625-1628.

Mariage de Callot. — Discussion sur le séjour de Callot à Bruxelles à propos du siège de Bréda. — Les prétendus dessins de Callot à l'Albertine de Vienne; le livre de M. Moritz Thausing. — Portrait de Callot par Antoine Van Dyck, gravé par L. Vosterman. — Les planches du siège de Bréda préparées sous l'inspiration de Spinola. — Comment les topographes dessinaient les sièges au dix-septième siècle. — Retour à Nancy pour terminer le travail. — Mort du duc Henri II et besognes modestes auxquelles Callot se condamne à ce sujet. — Estampes gravées dans les moments perdus de Callot. La *Grande Passion*. — Callot sort des sentiers battus du hiératisme — Le *Parterre de Nancy*. — Achèvement du siège de Bréda. — Dons du duc Charles à Callot pour le fixer définitivement en Lorraine.

L'histoire du mariage de Jacques Callot avec Catherine Kuttinger de Marsal est une courte histoire, comme le sont celles des bourgeois honnêtes et tranquilles. Heureuses les unions dont on parle peu! Les deux familles tenaient à la noblesse récente, les apports étaient égaux, les ambitions modestes. Callot apprenait d'année en année à aimer le foyer lorrain qui lui assurait la paix et la réputation. Il se maria sans grand entraînement de cœur, mais bien plutôt par envie de transmettre à ses enfants une bonne partie de la renommée péniblement acquise. Malheureusement il n'aura pas cette joie.

« Notre graveur, — dit Félibien, qui connaissait Callot par des amis communs, — notre graveur n'eut pas la satisfaction d'avoir des enfants de son mariage, mais en récompense il eut celle d'en produire un si grand nombre d'autres de son esprit et de sa main, lesquels ne mourront point, qu'on peut dire qu'il a laissé une postérité beaucoup plus glorieuse pour lui que celle que beaucoup de pères laissent après eux, dans des enfants qui souvent ne leur font pas beaucoup d'honneur. »

La philosophie, hélas! n'a rien à voir en pareille matière, et Callot ne pensait pas comme Félibien.

A peine marié, les commandes le poursuivent. C'est l'Infante Claire-Eugénie, gouvernante des Pays-Bas, qui l'appelle à Bruxelles pour lui faire retracer les péripéties du siège de Bréda. Ici nous allons entrer de plain-pied dans les discussions; M. Meaume croyait, comme nous le pensons nous-mêmes, que l'artiste était allé dans les Flandres postérieurement à la chute de Bréda, soit après le 2 juin 1625. Au contraire, M. Moritz Thausing, se fondant sur un album de croquis conservé à l'Albertine à Vienne, prétendait qu'il y avait été appelé beaucoup plus tôt, au commencement des opérations, et que dans ce séjour au camp espagnol il avait eu le loisir de prendre sur nature les éléments de son travail ultérieur. Examinons la théorie de M. Thausing[1].

Les dessins de l'Albertine attribués à Callot furent trouvés à Pesth chez M. François Pulszky par un marchand qui les vendit à la collection du prince Albert. Ils étaient au nombre de 72, collés sur 32 cartons. Ce sont des croquis à la plume assez habiles, représentant, avec de nombreux changements, des fragments de la Danse des morts d'Holbein, du *Calvaire* de Lucas de Leyde, des études d'après Dürer ou Léonard de Vinci. La partie intéressante de l'album consiste en divers petits sujets traités lestement et qui paraissent l'idée première de certaines parties du siège de Bréda; on y voit entre autres choses Callot tournant le dos au spectateur et dessinant sous les yeux de deux soldats; puis des scènes isolées de pillage qui sont effectivement dans la planche définitive gravée par lui.

Au fond, rien ne prouve que ces dessins soient des croquis originaux sur nature plutôt que des copies. Le dessinateur qui transcrivait Holbein, Lucas de Leyde, Dürer et Vinci, pouvait tout aussi bien imiter Callot. Mais M. Thausing, qui avait rencontré au milieu de ces esquisses des soldats polonais, et qui tenait ferme pour Callot, précisait que l'album avait été composé par lui pendant le siège de Bréda, quand Sigismond, prince de Pologne, était venu saluer l'Infante à Bruxelles vers la fin de septembre 1624. Où

---

1. *Livre d'esquisses de Jacques Callot.* Wien. H. O Miethke, 1880, n-folio. Cinquante héliogravures et huit vignettes.

Callot aurait-il pu voir jamais des Polonais, sinon dans cette occasion unique?

La question n'est pas là. Elle est tout entière dans ce fait que le petit cahier découvert est un livre de notes pris par un bon élève en vue de se faire la main; et pourquoi pas Stephano della Bella, je vous demande, lui qui serra de si près son modèle le maître Callot, qui le suivit pas à pas et chercha à le parodier, si je puis ainsi dire? Et si je ne vois jamais dans l'œuvre de notre Lorrain la moindre allusion aux emprunts faits à Holbein, à Lucas de Leyde; si je ne retrouve aucun Polonais dans ses estampes, les voici par contre dans les eaux-fortes de La Belle. C'est aussi la Mort à cheval, empanachée, conduisant la guerre, transposition habile de la pensée d'Holbein; ce sont des imitations pures et simples de Lucas de Leyde; et pour finir, les Polonais, accoutrés comme dans l'album, un peu différents de postures, mais gardant leur physionomie.

M. Thausing s'était donc trompé, et l'idée émise par lui d'un voyage de Callot à l'armée dès la fin de 1624 tombe d'elle-même. On ne l'appela que beaucoup plus tard quand on eut réussi, et qu'il devenait glorieux de chanter sa victoire. M. Meaume, qui ne connaissait pas les dessins de l'Albertine, avait bien jugé. Quant au portrait de Jacques Callot mis en tête du cahier de croquis, il est une preuve de plus. Pourquoi l'auteur se fût-il dessiné lui-même en tête de son recueil? Combien n'est-il pas plus vraisemblable de supposer un portrait fait par le copiste, par l'élève glanant à droite et à gauche une pose, une tête, une attitude?

Restons-en donc à la date de Juillet 1625 pour le passage de Jacques Callot à Bruxelles. Ce qu'il allait demander aux vainqueurs, c'était les renseignements topographiques indispensables, les situations respectives des armées. Quant au reste, il saurait toujours assez broder et inventer.

La recherche de ces documents ne lui prenait point un temps si considérable qu'il ne pût visiter les maîtres des Flandres. C'est avec un sentiment d'admiration profonde qu'il alla chez Van Dyck. Quelle gloire et quel immense génie pour le Lorrain modeste! Quand le grand artiste voulut qu'il posât devant lui pour un portrait dessiné, Callot se sentit mal à l'aise sous le regard du maître. Il avait alors trente-deux ans, la vie bourgeoise l'avait engraissé et arrondi, ses joues étaient pleines et ses mains potelées. Lucas Vosterman grava plus tard le crayon de Van Dyck, mais Callot ne fut pas le dernier à déplorer que le peintre n'eût pas lui-même tenté la gravure, avec la maîtrise qu'il mettait dans cet art spécial. Vosterman nous montre un Callot trop frais, un peu trop joli, trop bien portant. C'est la première effigie, de beaucoup la meilleure et la plus reproduite depuis. Callot est à son travail, tourné de trois quarts à gauche, la tête et le regard dirigés vers le spectateur; il sourit à peine, il semble éprouver le saisissement d'un enfant devant une personne qui l'intimide; si choyé qu'il soit des princes, si fortement trempé qu'il se sache, il se trouve bien petit en face de Van Dyck.

Esme de Boulonnois, Jacques Lubin, Polanzani ont, à des époques différentes, repris pour leur compte l'estampe de Vosterman, mais ils l'ont outrageusement dénaturée.

A son passage à Bruxelles, le graveur lorrain était devenu l'homme des cours, le gentilhomme artiste faisant parade de ses armoiries et de ses distinctions. Et c'est bien quelque chose alors, au milieu de ce monde espagnol intolérant, peu à même de comprendre autre chose que le noble métier des armes. Il est reçu chez l'Infante, confère avec Spinola, le vainqueur de Bréda, sur les dispositions à donner à son travail. On convient de traiter la scène à vol d'oiseau, comme si le dessinateur se fût trouvé sur quelque édifice élevé permettant d'embrasser les horizons dans leur plus grande étendue. Le jour choisi sera l'arrivée de Doña Isabelle-Claire-Eugénie au milieu des Espagnols victorieux, prêts à entrer dans la ville prise. Eu égard aux dimensions inusitées, Jacques Callot gravera le sujet en six planches différentes, destinées à être rejointes et aboutées; une bordure générale se continuera d'une pièce à l'autre de manière à former un cadre complet après le tirage définitif.

Si l'album de l'Albertine eût été l'œuvre préparatoire de Callot, il eût renfermé le croquis des équipages de l'Infante, le dessin des carrosses spéciaux qui lui servirent à faire son entrée, et que Jacques Callot ne pouvait concevoir d'imagination. Il eût mentionné les accidents de terrain indispensables, le groupement des compagnies suivant leur ordre vrai, car c'est là surtout ce qu'il était allé chercher à Bruxelles. Or nous n'y voyons rien de tel. Les petits épisodes isolés qui s'y rencontrent sont précisément ceux qui se traitent d'abondance; ils sont vraisemblables, mais non pas authentiques.

Le siège de Bréda était une lourde tâche pour un artiste adonné par tempérament aux choses microscopiques; mais Callot n'avait point à changer sa manière. Ce qu'on lui demandait avant tout, c'était de rester lui et de remplir un grand espace du panorama complet de la bataille. Comprise ainsi, la composition ne comportait pas des figures de plus de cinq ou six centimètres dans les plus grandes dimensions; en revanche les lointains devaient se couvrir de masses énormes, rangées en bataille ou déployées sur la ligne, de forêts ou de terrains traversés par des cours d'eau. Un mètre quarante sur un mètre vingt à couper de scènes et d'épisodes variés! La perspective aérienne s'employait alors couramment dans ces sortes de représentations militaires; Perissim et Tortorel en avaient fait usage dans leurs planches des guerres de religion en 1572; Claude Chastillon, ingénieur topographe attaché aux armées d'Henri IV, s'était essayé aussi à ces descriptions idéales des principaux châteaux forts de la France. Callot n'avait qu'à les suivre en corrigeant ce que leurs esquises renfermaient de naïvetés ou de méprises. Il revint à Nancy joyeux de son voyage dans les Flandres et des hommes éminents qu'il avait rencontrés par delà. Mais, tout en se mettant à la besogne avec l'ardeur fiévreuse qu'il déployait, il n'oubliait point les commandes moins sérieuses.

Quand le duc Henri était mort, Jacques Callot s'était mis bravement à graver, sous les ordres de la Ruelle, dont nous avons parlé déjà, les plaques de métal qu'on allait fixer à la bière. Elles contenaient « les an et jour et heure que feu le duc Henri IIe du nom est décedé, ensemble les ans mois et jours qu'il a vécu et regné avec un éloge à sa louange. »

Dans ce travail purement manuel l'artiste rappelle le grand François Clouet occupé à mouler en cire le visage du roi Henri II; si honorés qu'ils fussent l'un et l'autre, ils ne pensaient pas déchoir, ni perdre leur temps, et l'idée ne leur fût point venue de refuser ce devoir suprême.

Dans les instants qu'il se donnait à lui-même entre chaque fragment du siège de Bréda, Callot reprenait

Heu! quod certamen: qua palma: quive triumphi
et tamen hic mortem Tartarads ima domat

Le crucifiement.

la gravure interrompue de la *Pandore*, représentée debout au milieu de l'assemblée des Dieux, de la *Généalogie de Lorraine*, en l'honneur du nouveau duc Charles IV, de la *Grande Thèse*. Il terminait également les sept pièces dites de la *Grande Passion*, sur la vie du Christ. Cette dernière œuvre est une des plus sincères du maître; les Hébreux qu'il nous montre procèdent à la fois des Gueux; des Bohémiens, et des paysans des Caprices. Dans la *Mise en croix*, d'un réalisme saisissant et profond, nous assistons à quelque scène de l'estampe des Supplices. Sur un tertre avoisinant, refoulé par les gardes costumés à la mode du temps, le peuple attend que la croix s'élève. La Vierge s'évanouit; les charrons cherchent à dresser l'arbre de justice; derrière, les deux larrons solidement garrottés et qui seront crucifiés à leur tour. Tous les appétits féroces et bas des foules sont peints sur les visages des spectateurs : dans leurs toiles les plus vantées, les grands maîtres de la peinture n'avaient pas mieux surpris la majesté effrayante et lugubre du sujet.

En bon courtisan Callot n'oublie pas ses princes, et leur succession au trône appelle à chaque fois une offrande nouvelle. Un jour de l'été 1625, il s'est égaré dans cette partie des jardins du Palais appelée le Parterre; il y a rencontré Charles IV et sa jeune femme Nicole, arrêtés devant les joueurs au ballon. Quel cadre plus charmant eût-il pu imaginer que ces terrasses ombragées, ces corbeilles de fleurs, pour y enfermer le couple princier? Tel qu'il est cependant avec le bastion des dames dans le lointain, le parterre lui paraît un peu bourgeois; il l'accommode à sa guise, il le transforme; le bastion devient une terrasse magnifique prolongeant la vue. Une foule brillante parcourt les allées, recherche l'ombre, c'est le printemps, le gai printemps de la Lorraine; des vers viennent sous la pointe de Callot, réminiscence heureuse, ou bien improvisation habile :

> Ce dessein façonné des honneurs du printemps
> Enjolivé d'objets de divers passetems
> C'est vostre aage madame, où les douceurs encloses
> Nous sont autant de fleurs ou rosiers précieux
> Qui pousseront sans fin les doux-flairantes roses
> Dont l'odeur aggréra aux hommes et aux dieux.

Le titre porte : « Parterre du palais de Nanci taillé en eau-forte et dédié à Madame la duchesse de Lorraine par Jaque Callot son très humble serviteur et sujet le 15 d'octobre 1625. »

Le succès du Parterre fut très grand à Nancy, et Charles IV comprit ce que perdrait la Lorraine à laisser un pareil homme chercher fortune ailleurs. Le siège de Bréda, continué sans relâche, n'était pas sans faire concevoir des craintes : l'artiste n'irait-il pas quelque jour se fixer à Bruxelles, où les promesses les plus brillantes l'appelaient? Les générosités de Henri II étaient un exemple que son successeur voulut imiter de son mieux. Cette fois le don gracieux

Le Parterre de Nancy.

de deux mille livres fait à Jacques Callot laissait clairement entrevoir la pensée du prince :

« Au sieur Jacques Callot, sculpteur en taille douce, demeurant en ce lieu, la somme de deux mil frans que S. A. par effectz de sa libérallité luy a octroyé en don pour luy donner moyen de continuer sa demeure en ses païs, ou il auroit esté arresté par feue S. A. que Dieu absolve! »

Au fond le maître ne songeait point à quitter la Lorraine; son ménage nouveau l'y retenait, ses amis l'entouraient, il vivait largement de la situation personnelle acquise et de celle de son père. Et puis qu'eût-il fait dans les Flandres, perdu dans ce monde inconnu pour lui, qui lui avait fait bonne chère à son passage, mais qui pourrait voir d'un œil moins favorable une installation définitive?

Le travail du siège de Bréda tire à sa fin; toutes les péripéties des derniers jours de l'investissement ont été décrites dans des petits tableaux indépendants et successifs, comme si les opérations se fussent déroulées les unes après les autres devant le spectateur. Les meilleures qualités de l'artiste se retrouvent là tout entières; les effets d'arrangements et de groupements ont été ménagés avec une discrétion merveilleuse. L'étendue immense des plaines n'est point vide comme on l'eût pu craindre, elle n'est point non plus trop chargée de monde. L'objet principal qui frappe les yeux, c'est l'arrivée de l'infante Claire-Eugénie au camp. Dans un défilé incroyable de troupes de tous genres, parmi les piquiers et les carabins, au milieu des compagnies de cheval ou de pied en ordre de bataille, les carrosses espagnols cheminent en longue procession; sur le passage de la princesse, les têtes de ces héros lilliputiens s'inclinent. Au loin les escadrons s'ébranlent, les estafettes portent les ordres. Toute l'économie spéciale des sièges apparaît clairement dans son pêle-mêle curieux d'hommes, de bêtes et de charrettes; les yeux les moins préparés conçoivent les dispositions d'approches, et surprennent dans une déduction logique la marche des opérations. Jacques Callot se révèle dans cette page l'interprète subtil et disert de l'histoire, en même temps que le metteur en scène hors de pair des renseignements fournis par Spinola. Il a su d'ailleurs conserver son indépendance, il a voulu faire vrai sans s'inquiéter des prétentions espagnoles. Les sièges sont une grave affaire où les généraux ne paradent guère en écharpes brodées; et d'ailleurs les allégories fastidieuses ne sont point son fait, il les abandonne aux moindres compagnons. Ce qu'il veut, c'est la vie toute simple, un bivouac où se réchauffent quelques cavaliers, une ferme pillée, un officier désarçonné, un cheval lançant une ruade, un chien égaré, des riens charmants qui sont la physionomie d'une époque, sa note propre, et qui en disent plus long

Le *Char de l'Infante.* — Partie de la gravure du *Siège de Bréda.*

que les parades solennelles et musquées des peintres de cour.

Les planches du siège de Bréda eurent un texte explicatif publié chez Plantin, à Anvers, en 1628, et joint ordinairement aux épreuves collées sur toile. Il faut bien croire que les premiers tirages datent à peu près de ce temps; on s'expliquerait difficilement en effet la légende suivant à deux ou trois ans d'intervalle l'apparition des estampes. D'ailleurs l'effet causé par la prise de Bréda se continua longtemps dans les Flandres espagnoles. Herman Hugo en publiait une relation en 1629, traduite par Chifflet en 1631; des relations anonymes pour ou contre les Espagnols racontent les mêmes choses en 1625, 1626 et 1628. Quoi qu'il soit, Callot avait mis la dernière main à son travail longtemps avant 1629, car c'est la diffusion de ces estampes qui lui vaudra la commande du siège de La Rochelle et l'amènera à Paris; nous en reporterions volontiers à l'année 1627 l'achèvement définitif.

Sans qu'il s'en doutât Callot venait de faire œuvre d'orthodoxie, il comptait comme un militant parmi les catholiques. La défaite du prince d'Orange commentée par lui devait fatalement le conduire à célébrer la ruine des protestants par Richelieu. Et cependant, pour bon catholique qu'il fût, sa pointe n'était point l'arme d'un sectaire, il plaçait l'art trop haut pour se compromettre à politiquer. S'il consentit à décrire ces campagnes, c'est bien plus à cause de leurs côtés pittoresques, de la nouveauté des scènes à composer, que pour satisfaire l'orgueil des vainqueurs, ou ses haines particulières. C'est son scepticisme même qui le prémunit contre les entraînements et lui permet de manœuvrer à l'aise sur une donnée scabreuse; jusqu'à la fin de sa vie Callot restera le poète tranquille des bohémiens ou des gueux.

VI

CALLOT A NANCY. 1628-1629.

Œuvres nancéiennes de Callot. — La duchesse de Chevreuse à la cour lorraine. — Les fêtes, les intrigues. — Callot chargé avec le peintre Claude Deruet de la décoration du palais, et de la construction des machines nécessaires aux réjouissances. — Les souvenirs de Parigi. — Description du *Combat à la barrière* donné dans la salle neuve du Palais. — Callot grave des planches pour la relation qu'en fait le poète Henri Humbert. — Prétendus démêlés de Callot et de Deruet. — Travaux religieux en clair obscur. — Le *Brelan*. — La *Carrière*. — La *Chasse*.

Les encouragements du duc Charles créaient des obligations pour Callot, il tenait à se montrer dévoué en se consacrant plus exclusivement aux œuvres nancéiennes. D'ailleurs les occasions n'allaient point lui manquer dans cette cour rajeunie où les frivolités italiennes s'étaient implantées. Charles IV préférait les joutes et les chasses aux embarras de la politique extérieure; il recevait volontiers des hôtes illustres et jetait l'or sans compter aux artistes capables de l'aider dans ses folies. Par une maladresse qui devait lui coûter bien cher dans la suite, avec la légèreté de son âge et de ses mœurs, le duc avait reçu dès la fin de l'année 1676 la belle duchesse de Chevreuse, l'ennemie jurée de Richelieu ; la Lorraine devenait un pays neutre où les proscrits trouvaient asile assuré et table ouverte. Sous ce bénéfice « la blonde Rohan » était arrivée à Nancy, y avait rencontré une foule de gentilshommes provinciaux désireux de paraître en sa présence, et de faire les fous en compagnie d'une princesse à la mode. L'histoire rapporte que Charles IV fut touché plus que tout autre des grâces singulières de la charmeuse ; il voulut l'étonner par son luxe, et pour y parvenir il appela Callot à son aide.

On rêva de préparer pour les jours gras de 1627 une fête populaire dans le goût de la *Guerre d'amour* des Médicis. Des cavalcades seraient organisées dans le palais, où les gentilshommes lorrains rempliraient des rôles allégoriques et légendaires. Pour clore la journée Charles IV descendrait en champ clos au milieu d'une des grandes salles du château transformée en hippodrome, et il lutterait à pied contre un adversaire, *à la barrière,* comme on disait à Nancy, c'est-à-dire en tournoi.

Ce fut le dimanche 14 février que la représentation commença. Elle avait ses metteurs en scène, Claude Deruet, le peintre officiel, chevalier du Christ de Portugal, et Jacques Callot, chargé de garder la mémoire de ces belles choses ; elle avait également son historiographe ampoulé, Henri Humbert, poète de la cour qui décrirait en prose chacun des tableaux de la cérémonie.

La salle neuve, entourée de gradins en escaliers, tendue de tapisseries, pouvait contenir plusieurs milliers de spectateurs. Dans un coin, face à la barrière de la piste, un échafaud splendide réservé aux princesses. Au-dessus des portes, un ciel avec un soleil éclatant perçant les nuées. Le soir était venu, et dans l'ombre douteuse de la scène, les riches joyaux des dames étincelaient à la lumière des torches portées par des pages à pied. Bientôt les chars font leur entrée; ils paraissent, eux aussi, un peu de soleil dans la demi-obscurité de la salle; ce sont de lourdes machines de carton et de bois figurant des monstres marins, des nefs guerrières, des animaux fantastiques, mises en mouvement par des hommes cachés à l'intérieur. Ainsi arrivent dans l'ordre arrêté d'avance le prince de Phalsbourg tenant le combat, MM. de Macey, de Vroncourt et de Marimont, les sieurs de Couvonge et de Chalabre, le comte de Tornielle en Jason, le marquis de Moy, cousin du duc de Lorraine, sous le nom de Pyrandre, et enfin le duc Charles IV sur un char, en Apollon, tout étincelant de pierreries, écrasant les humbles mortels, comme il se devait.

Qu'on se figure un défilé de chars historiés dans un cirque ou un hippodrome; chaque machine fait le tour de la piste suivie par une autre, en file indienne. Très lentement on s'avance, les héros assis saluent les dames; des acteurs chantent les vers improvisés pour la circonstance. Et puis les voitures une fois sorties, les tenants du combat revenant à pied en armure de joute, couverts de plumes et tenant leurs lances. Il ne peut y avoir d'imprévu en pareil cas; tout est réglé par avance, les vainqueurs seront le duc et le marquis de Moy son invité, le vaincu M. de Phalsbourg, qui ne peut décemment avoir la prétention de battre Apollon ou Pyrandre.

On reporte à Deruet le mérite de ces arrangements, et Callot lui-même l'assure dans la préface du livre gravé à ce sujet en l'honneur de la duchesse de Chevreuse; quoi qu'il en soit, nous imaginons que les souvenirs de la *Guerre d'amour* lui permirent de contribuer à la décoration pour une grande part. Mais ce que Deruet n'eût point su faire, c'était de montrer dans de petites estampes, dans des espaces minuscules, la foule énorme entassée dans la salle neuve du château. Et pensez qu'en dépit de l'exiguïté extrême des figures nous les pouvons juger assez bien pour reprocher une fois de plus au graveur ses modes arriérées, les collerettes énormes qu'on ne portait plus même à Nancy au temps de la duchesse de Chevreuse. Rien ne saurait donner idée de la tournure guindée de toutes ces poupées, fagottées, endimanchées, copiant leurs gestes les unes sur les autres, et se tenant sur leurs petits ergots pour paraître plus belles. Le génie de Callot a su comprendre ces misères, et il les redit avec un brio et une humour extrêmes.

Deruet eût eu mauvaise grâce à taquiner Callot sur ce point, comme le prétend Félibien. Son rôle à lui s'était borné au dessin des machines, peut-être même à la peinture des accessoires. Quant à prétendre composer d'après ces énormes choses les esquisses fouillées et précises destinées à la gravure de Callot, c'eût été folie. Il faut prendre le récit de Félibien pour ce qu'il vaut, c'est-à-dire pour un méchant propos émanant d'ennemis de Claude Deruet. La préface dont nous parlions met à néant tous ces contes saugrenus.

« Madame, y disait Callot en s'adressant à la duchesse de Chevreuse, cette royale maison à qui monseigneur vostre mary doibt la gloire de son sang, a de tout temps accoustumé de passer les heures du loisir en des exercices que la vertu ne peut desadvouer. C'est pourquoi Son Altesse continuant les nobles coustumes de celles de ses ancêtres a voulu par sa propre personne, en l'année présente, sous des feintes utiles, animer les images de la vérité. A cet effet m'ayant honoré par ses commandements du soing des machines avec le sieur Deruet, de qui le pinceau par son rare artifice donne chaque jour ses leçons au naturel; elles n'ont pas esté trouvées du tout différentes de ses intentions. Mais afin que des gestes héroïques qui seront à jamais présents à ceux qui les ont admirés puissent approcher le sens des plus esloingnez, je tasche d'en faire vivre les figures par mes crayons, etc.... »

Voilà qui est au plus clair. Callot et Deruet donnent le modèle des chars, mais Callot seul s'attache à esquisser dans ses estampes la physionomie des fêtes ; hâtons-nous de dire, par ce que nous savons du talent de graveur de Deruet, que seul Callot pouvait et devait le faire.

Le *Combat à la barrière* se ressent très vivement de Parigi à dix ans d'intervalle : on surprend le graveur en flagrant délit de devoir d'élève dans la gravure des machines destinées aux entrées. Mais quand il abandonne ces planches préliminaires et presque sacrifiées pour se consacrer tout entier à l'intérieur de la salle, soit qu'il nous la montre du côté où se trouve l'échafaud des princesses, soit qu'il en donne un aperçu plus général en faisant face aux portes d'entrée, il redevient le Callot lorrain, celui des *Supplices* ou du *Parterre*.

Il ne savait guère, le pauvre artiste patriote, que ces réjouissances, ces flonflons et ces panaches cachaient pour l'instant un coin bien noir de l'histoire de Lorraine. Rien ne transpire encore des sentiments de rancune du cardinal de Richelieu qui veut attendre. Peut-être même les planches innocentes du *Combat à la barrière* vinrent-elles le troubler à Paris et lui laisser craindre la propagande de sa belle ennemie. Il sait les intrigues de Charles IV et en connaît l'origine, mais l'heure n'est point encore venue d'agir.

Par une singulière fantaisie Jacques Callot, habitué à la sobriété extrême du travail, et qui demande à l'esquisse renforcée de quelques ombres sévères le secret de ses vigueurs inimitables, cherche vers ce temps à faire jouer les lumières intenses ou les clairs-obscurs dans des compositions religieuses. Il s'y était essayé déjà dans la *Grande Passion*, sans succès. La *Sainte Famille* à table et le *Brelan* ne valent point sensiblement mieux. On le sent mal à l'aise dans ces accumulations de tailles destinées à figurer les ombres épaisses de la nuit; les figures éclairées par des lampes ressortent en taches blafardes sur les fonds. N'était la précision des contours, on pourrait donner tout aussi bien ces estampes à quelqu'un de ses continuateurs.

Le *Brelan*, c'est l'Enfant prodigue tombé dans une maison de jeu. A la lueur d'une chandelle, plusieurs personnes sont occupées à voler un niais. Une femme tient les cartes et les abat sous l'inspiration du prodigue. Mais derrière elle un aigrefin à feutre emplumé sort discrètement un miroir de son manteau relevé très haut, et découvre le jeu à l'adversaire qui y lit couramment.

Jacques Callot critiquait un vice lorrain, sous

couleur d'histoire sainte. L'enfant prodigue, coiffé à la française, c'est quelque jeune écuyer d'alors perdant son temps et sa jeunesse en compagnie de malandrins. Et la passion des cartes n'est pas née d'hier, non plus que les tricheries ne sont bien nouvelles. Les ducs de Lorraine avaient beau sévir contre les brelandiers, comme on appelait alors les coureurs de tripot, il y en avait un peu partout à Nancy dès le commencement du dix-septième siècle. Une ordonnance sévère datée de 1503 essayait d'y porter remède, et son préambule ne manque pas d'une certaine tristesse :

« La trop grande licence des vices, y est-il dit, qui petit à petit s'est par cy devant glissée non seulement en nos villes, mais aussi en nos bourgs et villages, a tellement gagné sur les habitants d'iceulx que méprisant l'honneur de Dieu... ils se sont adonnés la plus part aux jeux prohibés et deffendus, les autres à boire et à hanter les tavernes et cabarets, ou vivans déréglément, le plus souvent surpris de vin, ils se querellent pour de légères occasions. » (*Recueil de Fr. de Neufchâteau*, p. 48.)

A cent vingt années d'intervalle, rien n'est changé dans l'amour du jeu, et l'artiste a voulu nous montrer les ressources ordinaires des tricheurs pour corriger la fortune; c'est ce qui donne à ses estampes une allure vécue si particulière; il n'invente pas, il nous fait pénétrer simplement dans la vie de ses contemporains, soit qu'il peigne les gens du peuple amoureux des supplices, assistant à la mort du Christ, soit qu'il nous entraîne à la suite d'un viveur dans les maisons mal famées où la raison s'égare.

Parfois même il veut décrire un intérieur tranquille de bourgeois, et c'est la Sainte Famille à table qu'il nous montre; le père et la mère assis et l'enfant Jésus buvant dans un grand verre. Ici encore, comme dans le *Brelan*, Callot a cherché les effets de lumière; les auréoles des saints personnages éclairent leurs visages au milieu de l'obscurité. Mais sa main si habile à préciser les contours, à déterminer d'un trait les figures, s'embarrasse des tailles nécessaires aux fonds noirs. L'effet est boueux et médiocre, parce que les subtilités du tirage lui sont inconnues et que ses planches à l'eau-forte imitent le burin.

Cependant il revenait toujours, et à son grand honneur, aux fêtes populaires. dans lesquelles son génie jouait plus à l'aise. Il fallait un pendant à son *Parterre* de Nancy, et le sujet s'imposait de lui-même. Tout près du palais, il y avait une rue très large, une manière de place qu'on nommait la Carrière, où se faisaient les tournois, les parades foraines, les courses de chars. La Hière en avait autrefois dessiné une vue lors des funérailles du duc Charles III; mais il avait diminué l'espace en l'encombrant de spectateurs entassés.

Callot rêvait d'y réunir, comme dans un tableau,

synoptique, les mille faits de la vie nancéienne; le *Parterre*, c'était la noblesse, la promenade aristocratique; la *Carrière* ouvrirait une vue d'ensemble sur la bourgeoisie. Il y mit d'abord un combat à la barrière, avec ses juges du camp montés sur des échafauds, des palissades à hauteur d'appui arrêtant les spectateurs. Et devant, les gens indifférents à la scène, les faiseurs de tours sautant sur un cheval sellé au faîte d'un tremplin, des traîneaux lancés à toute vitesse, des flâneurs arrêtés et devisant. Dans un coin, deux duellistes vident une querelle sans plus de souci des archers de ville, qui ont cependant le devoir, de par les ordonnances de Christine de Danemark, « de les assommer et exterminer sur l'heure! » Il y a encore progrès dans cette œuvre charmante; les tons gris ont une harmonie lumineuse d'un surprenant effet.

Pour toucher un peu à tous les sujets, il entreprit de graver une chasse princière, un de ces laisser-courre seigneuriaux que les ducs de Lorraine réservaient à leurs hôtes de marque. Autour d'une enceinte, et pour fermer les issues aux bêtes, les piqueurs ont tendu leurs toiles dès la veille. Le cerf, conduit rondement par une meute de courtauds lorrains appuyés par des veneurs à cheval et des valets à pied tenant leur huchet, se jette dans une clairière. Les dames suivent dans les carrosses lourds, ces chariots branlants mal suspendus qui sautent follement dans

La Chasse.

les ornières des cépées. L'animal va battre l'eau. Tout auprès de l'enceinte est un lac dans lequel baigne une montagne à pic, arrondie suivant le procédé ordinaire.

Ici les finesses ont disparu ; Callot enlève la scène d'une pointe vigoureuse, et l'eau-forte a mordu cruellement le métal ; d'où quelques duretés dans les premiers plans, quelque apparence de retour aux chasses de Tempesta, le maître du genre. Au point de vue très spécial de la vénerie, nous pourrions formuler de sérieuses remarques, mais à quoi bon ? Callot, tout chasseur qu'il fût, n'avait pas eu souvent loisir d'assister à un hallali du cerf ; il parlait un peu sur des on-dit. Quand il courait les champs, un fusil sur l'épaule, il ne rencontrait guère que des perdrix ou des lièvres, et encore jouissait-il d'un privilège extraordinaire octroyé gracieusement par le duc, « à charge cependant qu'iceluy ne s'émancipera de tirer sur bestes fauves, hérons ni autres sauvagines ». La *Chasse* n'est donc point une de ses meilleures estampes, on y sent trop la fantaisie, l'imagination, le *chic*, si nous pouvions employer cette expression risquée.

Jointes aux travaux de métier qu'il ne cessait de faire pour les éditeurs, ces estampes conduisirent Jacques Callot jusqu'à la fin de 1628. Il avait à peine trente-cinq ans.

En novembre, il connut la prise de La Rochelle par

le roi de France et la chute de Saint-Martin de Ré. Il était loin encore de se douter que ces guerres lointaines seraient racontées par lui au monde entier. Mais son camarade Henriet, alors établi à Paris, ne l'oubliait pas. Maître de dessin de la plupart des grands personnages de la Cour, il avait l'oreille de ces courtisans par qui se font les réputations artistiques. Jacques Callot reçut la demande officielle de graver les sièges : il accepta avec joie, et partit presque aussitôt.

VII

CALLOT A PARIS. 1629-1630.

Callot vient à Paris dans les premiers jours de 1629. — Il retrouve Israël Henriet. — Les artistes graveurs d'alors. — Michel Lasne entreprend le portrait de Callot. — Impressions de Callot à Paris. Le *Passage de la mer Rouge*. — Le portrait terminé par Michel Lasne, ses légendes élogieuses; les copies qu'on en fait. — Le siège de La Rochelle; les bordures et les planches. — Faiblesse relative de ce travail. — Siège de Saint-Martin de Ré; préface lyrique de Callot. — *Combat de Veillane*; courtisanerie de Callot à ce sujet. — Le portrait de Charles Delorme, médecin de Gaston d'Orléans, et ses emblèmes. — Les deux seules pièces datées de Paris par Callot : le *Passage de la mer Rouge* et le *Marché d'esclaves*. — Callot quitte Paris avant le tirage des deux sièges.

Le roi Louis XIII étant rentré à Paris vers le 15 décembre, Callot ne prit vraisemblablement le chemin de France qu'après le 1ᵉʳ janvier. Il alla droit chez Israël Henriet, alors logé au Petit-Bourbon, sur la place du Louvre, dans cette partie de l'hôtel des ducs de Bourbonnais conservée lors des démolitions de 1527. Sa réputation lui fit un séjour agréable dans le milieu d'artistes où il arrivait. Il se lia vite avec Michel Lasne, peintre et graveur de portraits, qui lui demanda séance, heureux de se mesurer à Van Dyck. Callot, excellent homme, très liant et très lorrain, capable de faire mentir le vieux proverbe

> Traître à Dieu et à son prochain,

comme la suite le prouvera, plut à tout le monde Le jour, il s'occupait à recueillir les renseignements nécessaires à sa besogne, consultant les ingénieurs retour du siège, et croquant, de-ci de-là, quelques soldats errants par la ville. Les soirées se passaient en visites aux graveurs parisiens, aux amateurs tels que Delorme, et dans les tête-à-tête avec Henriet, son ami d'enfance.

J'aurais voulu décrire un de ces intérieurs « d'homme de mestier », la petite chambre à poutrelles saillantes, assez mal éclairée dans une rue étroite, ayant des murs encombrés d'estampes fixées par des clous ou des épingles, dans laquelle travaillaient les vieux artistes de ces temps. La pièce est en commun, et tandis que le père, assis au meilleur endroit dans le plein jour, dessine sur le vernis ou baigne le métal dans l'acide, la ménagère fait bouillir le pot ou ravaude des bas. Dans leurs plus grands triomphes les tailleurs d'images ne rêvaient rien d'autre; avant eux leurs pères s'étaient contentés de cette médiocrité, ils n'imaginaient pas avoir droit à plus. Callot lui-même, en dépit de son blason à cinq étoiles, tout fils de noble qu'il fût, ne connaissait pas les tentures ou les meubles rares. La mode était la simplicité dans la confrérie, et quiconque s'en fût affranchi eût fait bien rire, rire autant qu'un forgeron logé dans un palais.

Le mouvement effrayant de la grande ville enserrée dans ses remparts, le monde joyeux et remuant des seigneurs, les réunions de la place Royale, la vie tumultueuse des quais, firent une impression profonde sur Jacques Callot. C'était la première fois qu'il rencontrait les vraies grandes foules dont il goûtait plus que tout autre la poésie et l'entraînement. Que de projets ne conçut-il pas alors! Combien n'avons-nous pas à regretter qu'une entreprise colossale comme celle des sièges ait occupé ses meilleurs instants! A peine détournera-t-il son attention pour jeter à la hâte une impression sur le cuivre; il s'arrêtera quelque jour sur les quais de la Seine: très lestement il nous fera assister à une fête nautique, au mouvement du port; et ce sera tout. Nous perdrons à cette précipitation des chefs-d'œuvre, contre-partie de l'*Impruneta* ou de l'*Éventail*, même peut-être des *Caprices* parisiens à mettre à côté de ceux de Florence. D'autres viendront après lui qui combleront de leur mieux cette lacune. Étienne La Belle gravera une vue magistrale du Pont-Neuf couvert de cette population parisienne si variée dans ses élégances ou ses guenilles; Callot n'eût pas dit mieux, mais autrement.

Sans aucun doute ses cahiers de voyage se couvraient d'esquisses de tout genre. Un pan de muraille, une vieille tour, les gens affairés allant à leurs travaux, mille choses en un mot le retiennent dans ses promenades. Mais, si rapide que fût son exécution, il ne trouvait guère l'instant de donner un corps à ces notes fugitives. Son camarade Henriet le pressait de lui fournir un passage de la mer Rouge qu'il pût éditer séance tenante. Callot s'interrompit momentanément pour contenter son vieil ami. Il fit d'imagination les Hébreux assistant au désastre de l'armée égyptienne, en reprenant de-ci, de-là, les éléments graphiques de la *Grande Passion*, les chemins creux où se perd la cohue des Juifs, les rochers baignant dans la mer, et Moïse arrêté sur le rivage. Au sortir des séances il se rendait chez Michel Lasne, qui le portraiturait avec une attention particulière. Cet artiste était l'héritier direct des Dumonstier; il tenait d'eux le naturel et la correction, mais son procédé de gravure manquait de légèreté. Comparé au portrait de Van Dyck, le Callot de Michel Lasne paraît dur et froid, et si la ressemblance est bonne, la physionomie n'a pas cette note idéale que le maître flamand savait donner à propos.

La légende latine placée au bas est des plus élogieuses, Callot « est une merveille de la nature et de l'art. Il dessine, il grave sur un cuivre de dimensions restreintes les plus grands et magnifiques spectacles de la nature. On peut dire même que la nature y voit ses œuvres poussées à la perfection, d'où l'on peut justement penser qu'il est le dernier

Callot, par Michel Lasne.

héritier de l'idée divine sur la terre ». Et puis Michel Lasne nous fixe sur l'âge vrai de Callot : à l'époque du portrait, en 1629, l'artiste lorrain a juste trente-six ans ; c'est donc qu'il est né en 1593, et non en 1592 comme le prétendent Mariette et M. Meaume.

Le portrait gravé par Michel Lasne eut un succès égal à celui de Van Dyck ; il fut copié et recopié par tout le monde, depuis Raphaël Custos, qui en donna une transcription médiocre, jusqu'à Loemans dont nous avons parlé déjà, jusqu'à Montcornet et Desrochers ; ce dernier affubla le sien d'un quatrain digne de l'abbé de Marolles :

> Le cuivre favorable à mes inventions
> S'anime sous l'effort de mes productions ;
> J'ai donné d'un seul trait la vie à mes figures
> Et mon nom s'étendra dans les races futures.

Certes la prophétie n'est point menteuse, et nombre de vers meilleurs que ceux-là n'ont pas toujours dit aussi vrai.

Le siège de La Rochelle, qu'il ne quittait guère, comportait six planches de 56 sur 44, et dix fragments de bordure destinés à être réunis et à former un cadre complet. A vrai dire, l'accumulation de matériaux officiels l'effrayait un peu ; les ingénieurs royaux qui lui fournissaient les renseignements abondaient, suivant l'habitude, en détails techniques qui n'avaient rien à faire avec l'art. Chacun tenait à son avis, le plus souvent contraire à celui du voisin. D'après Félibien, Callot fût allé sur les lieux, mais nous avons peine à le croire. Il y a dans cette besogne immense et fastidieuse un tel sentiment de lassitude et d'ennui, on relève tant d'erreurs de topographie, qu'on ne saurait admettre la désignation sur nature des espaces décrits. Une seule chose paraît donner raison à Félibien, c'est que dans un cartouche des bordures, Callot esquisse le profil assez exact de La Rochelle. Mais n'y avait-il pas, dans le monde d'ingénieurs, d'officiers de toutes armes occupés au siège, quelque dessinateur capable de lui procurer un croquis passable sur lequel il eût brodé?

Quoi qu'il en soit, il n'est bien lui que dans les bordures. Ce sont de petits épisodes qu'il nous montre dans le cadre historié d'un fleuron comme celui de l'*Éventail* de Florence. En haut voici les Rochellois prosternés aux pieds du roi et criant merci, l'entrée de Louis XIII à La Rochelle; en bas, le maréchal de Schomberg présentant les Anglais prisonniers, le profil de La Rochelle et de la Digue. Mais Callot ne grava ni les attributs, ni les trophées, ni les cartouches, ni surtout les portraits en buste de Louis XIII ou de Gaston. Peut-être même confia-t-il à des comparses certaines parties du siège; ce qui est certain, c'est qu'il néglige visiblement les villes et les maisons. Dans cette représentation idéale de plusieurs lieues carrées, remplies de chevaux et d'hommes, un fort n'apparaît pas sensiblement plus gros qu'une charrette. Je sais que la mode était, pour les dessins de ce genre, de figurer les courtines et les bastions en plan, alors qu'on mettait tout auprès une maison en perspective, mais Callot ne pouvait-il pas reprendre, pour son compte, les épures qu'on lui donnait et leur communiquer un peu de la vie intense qu'il savait mettre en toutes choses? Une fois la vraisemblance détruite, le reste intéresse moins, et les

Entrée du roi à La Rochelle. — Cartouche de la planche du siège.

premiers plans couverts de nefs anglaises bâties sur le même modèle n'ont point l'importance nécessaire pour faire oublier les erreurs des lointains.

Ces sortes d'épopées à l'eau-forte étaient conçues suivant certaines conventions dont il est bon de parler ici. Par exemple, le héros principal se rencontre à la fois en diverses places. Dans le siège de La Rochelle, Louis XIII est à la pointe du Chef-du-Bois d'un côté, et de l'autre reçoit la soumission des Rochellois. Ce don d'ubiquité procédait des représentations naïves des triptyques; on l'avait étendu aux œuvres d'une seule venue sans y mettre plus de malice. Livré à lui-même, Callot ne l'eût peut être point osé; mais il opérait par ordre, il fallait quand même courtiser le monarque.

On joignit une légende à ce tableau énorme pour en expliquer les divers points. En tête, Callot plaça une sorte de préface ou mieux un manifeste dithyrambique destiné à toutes les nations. Qu'on ne parle plus des merveilles du monde, des Pyramides, du Colosse de Rhodes, du tombeau de Mausole. Louis XIII a fait plus que tous les peuples réunis, il a vaincu La Rochelle « que Callot, Lorrain de nation, vous représente, cette monstre espouvantable d'hérésie et de rébellion qui avait plus de cent testes! »

Le siège de Saint-Martin-de-Ré s'inspire des mêmes données, mais une part plus large y est réservée aux opérations militaires. Sur le devant de la composition, Louis XIII à cheval, accompagné de Gaston d'Orléans, surveille le transport des munitions. Cette partie de la scène est conçue dans la manière ordinaire du maître; les soldats, les matelots forment un tableau parfait. La légende rapporte que le Lorrain avait glissé, par inadvertance ou par malice, un cardinal de Richelieu en soutanelle montant un cheval fringant et brandissant une baguette dans la direction du roi, comme s'il eût voulu marquer la façon dont se passaient les choses. Callot dut effacer le malencontreux personnage et le remplacer par un

Le roi à cheval. — Partie de la grande planche du *Siège de la Rochelle*.

officier insignifiant. Je laisse à juger le prix d'une estampe de l'*Ile de Ré* où se rencontrerait le Richelieu à la baguette!

Les troupes descendues dans l'île sous la conduite du maréchal de Thoiras y donnent la chasse aux Anglais. Ici encore mêmes entorses à la vraisemblance dans la représentation du fort de la Préc. La mer couverte de brigantines, de lougres, de barques de pêche, n'est point non plus très vraie; les réminiscences du *Combat des Galères* se font sentir. Insipide besogne pour le créateur des très petits que ces surfaces à couvrir de tailles, à aménager, à découper par tranches! Il n'en cache pas son dépit, et si son lyrisme l'emporte dans la seconde préface, il détonne singulièrement. « Callot à tous les potentats de la terre, et à tous ceux qui possèdent et dominent les mers, pour la gloire perpétuelle du roy très chrestien Louis le Juste, Empereurs, roys, princes et toute sorte de souverains, c'est l'Isle de Ré que Callot le Lorrain vous représente, l'une des moindres de celles qui sont habitées!.. etc. »

Une entreprise aussi considérable, aussi fastidieuse, une fois sur le chantier, Callot se donnait à lui-même des congés, comme nous l'avons dit. Tantôt il collabore avec Michel Lasne à un portrait équestre du roi, en gravant dans les fonds une scène militaire qui lui servira à figurer, à quelque temps de là, le *Combat de Veillane*. Dans cette dernière œuvre la courtisanerie reprend ses droits. Le vainqueur de Veillane, c'est le duc de Montmorency, c'est lui qu'on doit représenter en haut de la planche dans un médaillon. Mais sur les entrefaites il se compromet dans le parti de Gaston. Que fait Callot? Il remplace le véritable héros par une doublure, un surintendant des finances, soldat à ses heures, le marquis Ruzé d'Effiat, et, tandis que Montmorency en personne charge dans le combat, c'est l'autre qui trône à la place d'honneur. Malheureux Lorrain, obligé de politiquer en France en faveur d'un roi qui allait, sous peu, traiter Nancy comme La Rochelle! Au moment précis où Callot terminait le *Combat de Veillane*, Gaston d'Orléans s'était retiré à la cour du duc de Lorraine; de là il négociait pour obtenir du roi et du cardinal un accommodement. Richelieu, fort occupé ailleurs, notait précieusement ses griefs contre un prince ami ou soi-disant tel, devenu l'hôte préféré des mécontents; il n'oubliait pas les fêtes à Madame de Chevreuse. Pour un instant néanmoins il consentit à faire sa paix avec le duc d'Orléans, et celui-ci rentra en France le 9 février 1630.

C'est vers cette époque que Jacques Callot entreprit le portrait emblématique du médecin Charles Delorme, confident de Gaston, un des plus grands admirateurs de l'artiste. Il le conçut à la mode d'alors, dans un cadre d'attributs embrouillés et complexes empruntés à Paul Jove et à Alciat, sortes de casse-tête à l'usage

Portrait de Delorme.

des désœuvrés. Toutefois il ne dut en faire la planche définitive qu'à son retour à Nancy; seule la composition en fut arrêtée à Paris dans les lignes principales. A droite et à gauche du portrait, deux arbres confondant leurs branches dans la partie supérieure; l'un est un orme par allusion en rébus au nom de Delorme, l'autre un laurier. Des oiseaux sont perchés sur les branches; au milieu, un anneau formé d'un serpent engoûlant sa queue, tiré des devises de Paul Jove. Partout des légendes latines se rapportant à la fois aux choses représentées et au personnage.

La figure n'a rien de celles des médecins de Molière, elle laisse au contraire entrevoir un raffiné de marque, un seigneur couvert de dentelles et de soie; elle est enfermée dans une étoile formée par l'entrelacement du double Δ grec ou de deux triangles, images ordinaires de la divinité. Autour du charmant buste on lit : *Carolus Lormeus oraculum solers* Charles Delorme oracle impeccable. Et puis chaque compartiment des triangles porte un mot grec décrivant les qualités supérieures par lesquelles Delorme a mérité son titre de médecin : ses aptitudes, son travail, sa réussite, son expérience, sa compassion, la théorie et la pratique de son art. En outre de ses fonctions de chirurgien, Delorme avait été trésorier à Bordeaux; c'est ce que Callot nous indique par le dragon des Hespérides, l'un des supports de ses armes, et la devise Οφελεει και μη βλαπτει. Il rend des services sans en tirer bénéfice : allusion transparente aux reproches formulés d'ordinaire contre les gens de finances.

En résumé, les seules traces du séjour de Jacques Callot à Paris, en dehors des douze planches du siège de La Rochelle et de l'Ile de Ré, — je devrais dire la preuve irrécusable — c'est le *Passage de la mer Rouge*, daté de Paris, et le *Marché d'esclaves*, fantaisie enlevée de verve, où l'artiste nous montre à la fois des marchands d'esclaves levantins, et une vue du Pont-Neuf dans le fond. Le reste est douteux. Il allait retourner à Nancy, laissant même son travail des sièges inachevé dans la partie accessoire, livrée aux graveurs des cartouches et des portraits. Il n'en devait voir les épreuves qu'après tout le monde, mais il n'y mettait pas sa coquetterie ordinaire ; il sentait que ses moyens personnels s'étaient faussés par l'observation trop exacte des ordres reçus. Il est rare qu'un homme de génie évolue à l'aise sur commande.

VIII

CALLOT A NANCY. 1630-1635.

Callot de retour à Nancy. — Mort de son père. — Les vues de Paris gravées en Lorraine. — Gaston d'Orléans à la cour du duc Charles; son mariage avec la princesse de Lorraine; ses rapports artistiques avec Callot. — Gravures de monnaies. — Les *Grands Apôtres*. — Petites estampes religieuses. — Portrait de Claude Deruet. — Période militaire dans le talent de Callot. Les *Misères de la Guerre*. — Invasion de la Lorraine par Louis XIII; siège de Nancy. — Patriotisme de Jacques Callot, sa réponse au roi. — Vie du soldat et ses misères. — La *Revue*. — Les *Exercices militaires*. — Mort de Callot; son épitaphe aux Cordeliers; sa sépulture actuelle. — Œuvres inachevées de Callot; la *Petite Treille*; l'*Enfant Prodigue*. — Portrait de Catherine Kuttinger.

Callot ne paraît pas avoir conservé de Paris le souvenir enchanté et pieux qu'il avait gardé de Florence; la tâche pénible à laquelle il s'était condamné pendant son séjour, les intrigues de cour auxquelles il s'était trouvé mêlé, avaient contribué à lui faire voir la France sous un jour plus sombre. Il n'emportait pas en Lorraine de nombreux matériaux pour des œuvres ultérieures. A peine rentrait-il chez lui que son père Jean Callot mourait, le 17 août 1630. Les mauvais jours commençaient pour l'artiste comme pour son maître le duc Charles.

Dans le cloître des Cordeliers de Nancy où le héraut d'armes fut inhumé, Jean Callot, frère de Jacques, fit placer une simple épitaphe de marbre en l'honneur du père et de l'aïeul ; elle portait :

> DEVANT CE MARBRE GISENT NOBLES
> CLAUDE CALLOT VIVANT ARCHER DES
> GARDES DE L'ALTESSE DU FEU DUC CHARLES
> QUI MORUT LE 23 JUILLET 1594
> ET NOBLE JEAN CALLOT SON FILS, VIVANT
> HERAULT D'ARMES DUD^t DUC QUI MORUT
> LE 12 AOUT 1630
> NOBLE JEAN CALLOT FILS DUD^t FEU
> JEAN CALLOT, AUSSY HERAULT D'ARMES
> PAR UN PIEUX DEBVOIR A FAICT FAIRE CEST
> EPITAPHE A L'HONNEUR ET MÉMOIRE
> DESD^t AFFUNCTS
>
> PRIEZ DIEU POUR LEURS AMES

C'est dans le temps de son deuil que le graveur prépara les deux estampes de vues de Paris rapportées de son voyage. Rien d'officiel dans cette besogne, et partant plus de grâce et d'abandon. La première nous découvre un panorama de la Seine pris du Pont-Neuf, avec le Louvre à droite, et la tour de Nesle à gauche. Sur la rivière, une joute donnée par les mariniers en l'honneur des victoires à La Rochelle. Malheureusement Callot laissait courir sa pointe de mémoire, il est trop habile et trop ingénieux, et la fantaisie joue un grand rôle dans ses reconstitutions topographiques. Mais quel mouvement dans cette cohue de barques pavoisées, et la belle ordonnance de ces foules groupées sur les quais voisins! Les réjouissances florentines de l'Arno sont encore une fois retrouvées, et avec quelle puissance d'effet et de rendu!

Après les fêtes, le travail. La seconde vue, c'est le Pont-Neuf là-bas, et devant le spectateur la tour de Nesle, avec son monde spécial de bateliers, de débardeurs. Tous les habitués spéciaux des rives de la Seine se sont donné rendez-vous; voici les garçons d'écurie faisant baigner leurs chevaux, les porteurs avec leurs crochets, affublés les uns et les autres de feutres à plumes de coq, comme les Bohémiens ou les gueux. Les berges sont singulièrement accidentées alors; sur les tertres, les fainéants à rapière attendent une aubaine, les marchands ambulants crient leur marchandise. Cette estampe rappelle par plus d'un côté les forains de l'Impruneta; elle est peut-être plus forte et plus définitive.

Gaston d'Orléans est revenu par deçà plus ennemi du Cardinal que jamais. Il s'installe à la cour du duc Charles et épouse secrètement sa sœur, Mademoiselle de Lorraine. Mais devant que l'aventure ne fût divulguée, il vit simplement à Nancy et, tout entier à ses goûts, il demande à Callot de l'instruire dans le dessin et de composer pour lui des esquisses à la plume en guise de modèles. Le plus souvent il sort au matin, accompagné du comte de Maulevrier, un de ses gentilshommes, et se rend chez le maître, heureux de le voir travailler et d'apprendre les expédients coutumiers des peintres.

C'est même pour satisfaire son royal élève que Jacques Callot se condamne une fois de plus au plus insipide des mot à mot, à la gravure des monnaies ayant cours en Europe. 106 pièces de modules divers avec leurs effigies, leurs exergues, parmi lesquelles la plus récemment frappée portait le millésime de 1629. On imagine bien que ces copies ne comptent guère dans l'œuvre de l'artiste; elles sont encore, adresse en plus, ce qu'avaient été en Italie ses transcriptions pénibles d'après les maîtres. Mariette, qui jugeait les estampes d'après leur valeur intrinsèque, réputait les médailles de Callot une de ses suites les plus médiocres; il ne savait pas le concours de circonstances qui avait forcé le pauvre artiste de génie à entrer pour une fois dans le domaine de son ancien maître Demange Crock.

La peste qui ravageait Nancy amena une recrudescence de ferveur pieuse dans la ville; c'est vraisemblablement pour la vente courante des éditeurs d'images saintes que le graveur composa une suite dite les *Grands Apôtres*, et celle des *Mystères de la Passion*. Les grands Apôtres offrent une particularité curieuse; sous leurs costumes de tradition, avec les attributs spéciaux qui les décorent, ils sont des gueux, les gueux de Callot à la figure ravagée, aux traits rudes d'un réalisme sauvage. Les amoureux de vérité historique, les peintres qui savent de nos jours quels hommes énergiques et brutaux étaient ces disciples du Christ, ne les sauraient comprendre d'une autre manière. Callot toutefois ne connaissait

pas ces préoccupations. Sa manière reprenait le dessus inconsciemment, il restait lui en tout et tou

jours, sans se perdre dans les spéculations philosophiques ou anthropologiques inconnues de son siècle. Les Apôtres demeureront près des *baroni*, des *nobles* et des autres figures de caractère au même titre qu'elles, c'est-à-dire par la copie exacte de la nature sous couleur de peinture d'histoire.

Il était subitement revenu aux très petites compositions dans la *Vie de la Vierge*, jetant comme à plaisir dans des médaillons gros ainsi que des chatons de bagues des scènes mouvementées avec des personnages nombreux, des monuments ou des paysages. Ceci émerveillait Félibien, et nous émerveille nous-mêmes.

« Quand vous voudrez, écrivait Félibien, avoir le plaisir d'admirer l'abondance des pensées de cet excellent homme, la fertilité de son génie et cet art admirable qu'il avait à représenter en petit des sujets très grands et très amples, vous pourrez considérer ce qu'il a gravé dans de petits ronds concernant la vie de la Vierge et la passion de Notre-Seigneur. »

L'Annonciation, par exemple, a trois centimètres de hauteur; or, le graveur a trouvé moyen d'y mettre une grande maison de ferme, cinq personnages très éloignés les uns des autres, un chien, un âne, et dans le lointain, jusqu'à l'horizon, un coteau sur lequel un berger conduit un troupeau! L'art minuscule poussé à cette perfection devient presque le grand art, l'art merveilleux et sans pareil. Et Callot avait trente-neuf ans, c'est-à-dire l'âge où parfois l'œil faiblit sous les efforts persistants des veilles.

Voyez la bizarrerie des choses! Ce Claude Deruet magnifique, peintre en titre de la Cour lorraine, che-

Saint de la suite dite des *Grands Apôtres*.

valier du Christ, manière de gentilhomme fastueux et légèrement grotesque dans ses prétentions, qui s'estimait le supérieur de Callot sans conteste, Deruet ne nous est guère connu que par le délicieux portrait que le graveur nous a laissé de lui. Il l'a représenté dans une sorte de cadre, au milieu de tentures richement drapées, ayant auprès de lui son jeune fils en costume militaire. Il était difficile de camper plus crânement un modèle et de lui donner une plus martiale allure. Tel que le voilà, Deruet pourrait passer très bien pour un grand seigneur ou tout au moins un colonel d'armée. Et pourtant qui le connaît même de nom? qui a remarqué jamais les trois ou quatre maigres estampes péniblement grattées par lui, représentant un Charles IV de Lorraine et un combat? où sont aujourd'hui ses toiles si vantées?

Son adversaire prétendu a fait la plus grande partie de son renom par l'estampe dont nous venons de parler, par la préface du *Combat à la barrière*, et aussi par ces douze vers, qui pour être ceux d'un graveur, n'ont point si méchante allure, somme toute :

> Ce fameux créateur de tant de beaux visages
> S'estoit assez tiré dans ses rares ouvrages
> Où la nature et l'art admirent leurs efforts.
> Il tenoit le desseus du temps et de l'envie
> Et luy de quy les mains resuscitent les morts
> Pouvoit bien par soi-mesme éterniser sa vie.
> Mais quand il eust fallu laisser quelqu'autre marque

> Qui malgré les rigueurs du sort et de la Parque
> Le monstrast tout entier à la postérité,
> Son huile et ses couleurs pour le faire revivre
> Au goust des mieux sensez auroient toujours esté
> Un charme plus puissant que l'eau-forte et le cuivre.

Pourtant, en dépit de ces rimes louangeuses, c'est le cuivre et l'eau-forte qui nous ont révélé ce génie disparu.

Les excursions de Jacques Callot dans les Flandres et à Paris l'avaient mis à même de fréquenter les gens de guerre ; peut-être avait-il assisté aux scènes de pillage dont les bandes étaient coutumières. Il rapportait à Nancy mille projets divers et se promettait de traiter un jour ou l'autre la question dans une suite d'estampes. Il en était à la troisième phase de sa carrière, quand, ayant épuisé la note comique et passé la période des souvenirs, il arrivait à l'âge de la raison philosophique, au temps où l'on discute les faits avec une nuance de tristesse et de désespérance. La venue de Gaston d'Orléans, son mariage avec Mlle de Lorraine laissaient entrevoir à brève échéance des complications du côté de la France, la guerre probable. Ce qu'est l'invasion, hélas ! il va nous le dire dans une série de pages prises sur nature.

Les vieux Lorrains de la fin du siège précédent qu'il pouvait encore rencontrer sur sa route, n'avaient point la conscience si pure sur le fait des dévastations militaires. Cinq ans avant la naissance de Callot, le duc Henri II, alors marquis de Pont-à-Mousson, s'était joint aux Guises pour mettre à feu et à sang le comté de Montbéliard au duc de Wurtemberg. Ce fut une « belle picquorée », pour employer leur expression. Unies aux reîtres allemands soudoyés pour la circonstance, les bandes lorraines mirent en coupe réglée la riche province, brûlèrent sans merci les villages, pendirent les habitants et massacrèrent jusqu'aux femmes et aux enfants, comme les soldats d'Hérode. On a peine à se figurer aujourd'hui les horreurs commises au nom de la religion. Un paysan du village de Montecheroux, échappé par miracle à leurs mains, dépose qu'on le prit, qu'on le força à mettre sa tête sur un billot, et qu'après des simulacres hideux de décapitation, on le pendit par le col dans la fumée d'un foyer. Il résista. Alors ses bourreaux le détachèrent, l'étendirent à terre et lui brisèrent toutes les dents. Quand il revint à lui, il était seul; il s'enfuit dans les bois, mais, dit la déposition lugubre, il resta sa vie durant « débile et estropiade », un gueux à joindre à la série[1].

Ah! les supplices de Jacques Callot! Les Guisards eussent pu lui en fournir les modèles : l'estrapade, la pendaison à temps, « le frontal » qu'on appliquait en broyant le crâne au moyen de garottes, « l'étripe-

---

[1]. Alexandre Tuetey, *les Allemands en France.* Paris, Champion, 1883, 2 vol. in-8°.

ment », le bûcher, la roue, rien n'y manquait. « Çà la bourse, par la chair Dieu! » criaient-ils en fouillant les maisons. La femme de Callot, née à Marsal, eût pu lui conter l'histoire des frères Cuvier, aïeux du grand naturaliste, entraînés là et détenus prisonniers neuf semaines, après mille avanies et menaces répétées de la hart.

Telles tristesses allaient fondre sur la Lorraine. La raison d'État, invoquée par Richelieu, exigeait le divorce de Gaston; les menaces arrivaient d'heure en heure à la cour du duc Charles. Louis XIII eût voulu éviter une campagne en règle et, dès l'entrée de ses troupes dans le duché, il tentait de faire prendre son frère et la jeune femme de celui-ci; on connait l'évasion de la princesse, déguisée en homme, à travers les armées françaises, et son arrivée à Thionville. Pendant ce temps le cardinal Nicolas de Lorraine cherchait à persuader à Richelieu que Charles IV avait abdiqué en faveur du roi Louis. Mais la dévastation commençait, les troupes stipendiées par les Lorrains vivaient sur le pays comme les pires ennemis; quand les Français arrivèrent, la meilleure partie de la besogne était faite sur ce point.

Richelieu tenait à son siège et au triomphe facile de Louis XIII. On considérait cette démonstration armée comme une marche militaire, on savait le duché appauvri, décimé par les pestes et les gens d'armes. Arrivés sous les murs de Nancy, il fallut en rabattre; les murailles étaient bonnes et la défense suffisante; les travaux furent poussés vigoureusement, tandis que les notes diplomatiques s'échangeaient encore. Richelieu parvint à attirer ainsi le duc au village de Charmes; moitié par surprise et moitié par des promesses, on obtint de lui un abandon de ses États pour quatre années, après quoi il pourrait y rentrer sans encombre. Et pour sceller plus sûrement les conventions, on le retint prisonnier.

Louis XIII expliquait lui-même l'histoire aux ducs

Les *Misères de la Guerre*. — L'estrapade.

d'Angoulême et de Longueville; sa version est adoucie :

« Le duc se résolut, disait-il pour esviter que ses subjects ne fussent complètement ruinez, de venir demander la protection du roy, qui la luy accorda en luy remettant Nancy où il entra le vingt-cinquiesme jour de septembre. » (*Planche gravée par Michel Tavernier en 1633.*)

Dans la joie d'un résultat aussi brillant et aussi inespéré, le roi se souvint que la ville ainsi conquise avait au nombre de ses habitants le graveur des sièges de La Rochelle, Jacques Callot, homme de métier habile qui serait charmé de compter un chef-d'œuvre de plus. Il le manda en sa présence.

Quand le brave Lorrain eut entendu ce qu'on voulait de lui, lui qui préparait les misères de la guerre écrites d'après nature au milieu des soucis et des frayeurs, il se récria respectueusement qu'il était Nancéien et ne croyait devoir rien faire contre l'honneur de son prince. Louis XIII comprit; il dit simplement « que le duc estoit bien heureux d'avoir des sujets si fidèles et si affectionnés ».

On rapporte que les officiers français trouvèrent méchante la réponse de Callot, et s'écrièrent qu'on saurait bien le forcer à obéir au roi leur maître et le sien; à quoi l'artiste répondit : « Messieurs, je me couperois le pouce »; il ne fut plus question de rien.

Tout ce qu'il put faire, ce fut d'éviter les personnalités dans les *Misères de la Guerre*. Il s'attacha aux déprédations commises par les auxiliaires des Lorrains, bien plutôt qu'il ne décrivit l'invasion française. Il fit de cette lugubre odyssée un récit à ce point terrible et saisissant que toutes ses œuvres passées, même les plus audacieuses, pâlirent devant elle. Et la preuve qu'il s'en tient aux orgies des armées en territoire ami, c'est qu'il montre la punition des voleurs ou des assassins, et la récompense des braves. Quel général eût songé, dans ces temps, à demander compte aux pillards de leurs rapines en pays envahi?

Une autre raison milite contre l'origine française qu'on a toujours attribuée à cette suite inimitable, c'est qu'elle fut éditée à Paris, en 1633, l'année même du siège de Nancy, par Israël Henriet. Callot eût été bien osé de risquer le succès sur une satire difficilement admissible. Je le répète, il redisait la vie des mercenaires sans patrie, sans famille, bohé-

Les *Misères de la Guerre*. — La roue.

miens eux aussi et bien peu différents des coupe jarrets rencontrés sur le chemin d'Italie. Il parle d'eux en homme qui possède, et qui hait les voleurs.

Prises à ce point de vue, les *Misères de la Guerre* sont un tableau de la vie du soldat dans les camps, de ses débordements et de ses crimes, mais aussi de ses souffrances propres. Tout n'est pas de roses pour ces marchands d'héroïsme, et s'ils songent plus de pillage que de combats, l'heure vient parfois de se défendre. Combien se tirent d'une affaire hors d'état de reprendre jamais le mousquet, et s'en vont éclopés et monstrueux quêter leur vie sur les routes! Combien restent sur le champ!

L'entrée dans la carrière n'est pas compliquée; un enrôlement sous un arbre, quelques pièces d'or reçues, et le nouvel engagé prend rang « pour suivre la milice ». Il ira partout où le conduira la fantaisie de celui qui le paye; mais il le faudrait bien doué pour que ses bons sentiments l'emportassent. A peine a-t-il revêtu le harnais et mis sur ses épaules l'arquebuse ou la lance, on le jette dans un combat. Il apprend ainsi en pleine mêlée les premiers éléments d'un art qu'il ignore; il combat éperdument non point seulement pour les « lauriers arrosés du sang des ennemis », mais aussi pour le pillage, « ce beau nom de butin dont ils couvrent leurs voleries ». Il fait tantôt ce qu'il voit faire aux autres; il jette son dévolu sur tout ce qui traîne sur les chemins, et au besoin entre à main armée dans les hôtelleries. Ceci en pays ami, bien entendu. En territoire de guerre c'est mieux encore, et la petite estampe de Callot nous montre les fourrageurs dans une ferme

> Tous d'un mesme accord commettant meschamment
> Le vol, le rapt, le meurtre et le violement.

Rien ne saurait donner idée de cette scène de sauvagerie, où la recrue a loisir de faire son apprentissage. Même les abbayes ne sont point épargnées. Ces démons enragés brûlent les chapelles, détruisent les autels et

> Se moquent du respect qu'on doit aux immortels.

Ils s'en moquent fièrement, crânement, le feutre à l'oreille et l'épée à la main, défiant la justice divine, sous les yeux de leurs chefs impassibles et souriants. Mais les riches églises ne se rencontrent point partout, et force est parfois de se rabattre sur de moindres choses. Le village ouvert a été pendant ces époques terribles brûlé ou rançonné pour un oui ou un non. Devant l'église un tambour bat la charge; quelques uns de ses camarades entrent dans l'intérieur, les autres se répandent dans les maisons. Quiconque tente la défense est un homme mort, et son corps nu est jeté dans la rue en exemple aux autres.

> Ceux que Mars entretient de ses actes meschans
> Accommodent ainsi les pauvres gens des champs.

Bientôt la longue file des maraudeurs regagnent le camp entraînant le bétail volé, les charrettes pleines d'ustensiles.

Dans les repos des combats les plus audacieux s'en vont à l'écart au fond d'un bois et y guettent les voitures. A peine un chariot de voyage, un de ces énormes véhicules sans ressorts, criant sur ses lourds essieux, est-il signalé, les bandits se précipitent, massacrent l'escorte et enlèvent les bagages. Parfois le Grand Prévôt s'en mêle, il traque ces malandrins, les surprend dans leur besogne et les entraîne

> Affin d'y recevoir comme ils l'ont mérité
> Un chastiment conforme à leur témérité.

La punition commence. Sur la place de la ville voisine on donne l'estrapade aux plus compromis. Ils sont là suspendus à la potence, prêts à être passés

Les *Misères de la Guerre*. — Les pendus.

par les armes; certains sont à cheval sur un cheval de bois, punition infamante comme le pilori.

De degré en degré Callot nous a conduits à cette planche inimitable des pendus, une des plus merveilleuses de sa carrière d'artiste, où rien n'est oublié de ce qui est l'art ou l'esprit; un sentiment intense de la répression farouche se dégage de là. Cet arbre isolé où pendent des grappes humaines, jusqu'à un boiteux à jambe de bois, profilées sur le ciel dans la tension extrême des muscles; ces troupes réunies sous les armes pour assister au châtiment, même les deux bandits occupés à jouer aux dés en attendant leur tour, constituent une page effrayante de réalisme, pleine d'imprévu, attachante comme le drame le plus mouvementé.

Dans les scènes de supplices Callot est chez lui, il y sait à merveille disposer les moindres choses; il les donne fréquentes et terribles en manière de leçon. Car jusqu'à la fin il aima à philosopher sous couleur d'humour et de gaieté. Voici les éclopés des guerres,

> Voyez que c'est du monde! Et combien de hasards
> Persécutent sans fin les enfants du Dieu Mars!
> Les uns, estropiez, se treinent sur la terre,
> Les autres plus heureux s'eslevent à la guerre;
> Les uns sur un gibet meurent d'un coup fatal
> Et les autres s'en vont du camp à l'hopital.

Ce sont ceux-là que nous voyons au milieu d'une cour, culs-de-jatte effrayants, ou bancales déguenillés, comme les tenants du grand Coësre. Et la recrue est peut-être là dans la foule, recevant l'aumône des mains d'un prêtre. Mais qu'ils se risquent à cette heure au milieu des campagnes, qu'ils se heurtent aux paysans! Les fléaux, les haches ou les serpes sortiront d'eux-mêmes; des arbres ou des buissons partiront des coups de feu :

> A la fin les paisans qu'ils ont pour ennemis
> Les guettent à l'escart et par une surprise
> Les ayant mis à mort les mettent en chemise.

Alors, en regard de ces punitions méritées, et pour montrer la vertu récompensée après le vice puni,

Callot nous introduit dans la salle d'un trône. Sur le siège d'honneur est assis le prince qu'on a voulu être Charles IV, mais qui est tout le monde, car dans cette œuvre maîtresse tout est à la généralisation extrême. Il distribue des récompenses aux officiers, aux soldats même qui se sont bien conduits durant la campagne. C'est l'apothéose finale de cette féerie en dix-sept tableaux, tableaux immenses de 18 centimètres de large sur 8 de haut à grand peine, où des milliers

Les *Misères de la Guerre*. — L'hôpital.

d'hommes ont défilé sous nos yeux. Nul n'avait jamais peint la guerre avec cette énergie et cette puissance; les combats du Bourguignon ou de Van der Meulen demeureront des jeux d'enfants au prix de ceux-là. Et plus tard, quand le Hollandais Romyn de Hooghe, en haine de la France, décrira longuement les incendies du Palatinat sous le maréchal de Turenne, il paraphrasera simplement Callot, en brodant sur le thème shakespearien du graveur de Nancy.

On dirait que ces scènes hantent Callot à présent, car

il y revient sans cesse. Il refait les misères de la guerre en petit; il compose une *revue* où des régiments défilent devant un cavalier; deux combats à l'épée et au pistolet. Il invente en l'honneur de Charles de Bauffremont, marquis de Senecey, une série d'exercices militaires pleins d'allure dans lesquels les soldats occupent toutes les positions; tambourins, hallebardiers, arquebusiers tenant la fourchette, artilleurs, lanciers, toutes les armes réunies avec leurs harnais spéciaux, et leurs manières différentes de manœuvrer contre l'ennemi. Callot finissait par où d'autres commencèrent souvent, par l'entraînement juvénile pour les choses guerrières. Et voyez la bizarrerie! Quand il gravait les grands sièges, ses préoccupations étaient ailleurs; il eût plus volontiers décrit les fêtes, les scènes ordinaires de la vie bourgeoise, les histoires gaies des joyeux Lorrains. L'invasion française le précipita subitement dans un autre courant d'idées, les idées guerrières et sombres.

On dit qu'une maladie incurable le minait depuis plusieurs années; l'estomac ne fonctionnait plus, les humeurs noires étaient venues avant l'âge; il n'avait pas quarante-deux ans. Et cependant son œil ne faiblissait pas, et sa main demeurait comme par le passé maîtresse d'elle-même. Il terminait en 1634 une suite de fantaisies nouvelles empruntées aux mœurs de son temps et dédiées au comte de Randan, Jean-Louis de Bauffremont. Avec l'histoire de l'*Enfant prodigue*, les *Fantaisies* couronnent sa carrière; la souplesse inimitable des effets y procède de ses meilleures inspirations passées, il n'a rien perdu de ses délicatesses exquises. Il recommença en l'honneur de Phelipeaux de la Vrillière, secrétaire d'État à la cour de France, sa Tentation fameuse de saint Antoine, où la puissance de son talent éclate plus visiblement encore. C'est une redite à la fois et une transformation; il trouve dans cette répétition des accents qu'il ne connaissait pas au temps de la première planche; il en fit un chef-d'œuvre nouveau, son dernier.

Le 24 mars 1635 Jacques Callot s'éteignit doucement, laissant la réputation d'un artiste excellent et d'un homme de bien. Nancy perdait une de ses pures gloires, ses amis, le camarade le plus simple et le plus bienveillant, l'art, une nature au sens élevé du mot. Il était âgé de quarante-trois ans.

On l'enterra aux Cordeliers, près de son père et de son grand-père. On lui éleva contre la muraille un tombeau monumental en forme de grand cartouche d'ornements avec statuettes, armoiries et portrait peint. Malheureusement, toutes les épitaphes louangeuses se valent, et nous n'avons rien inventé sur ce fait; Callot fut bon père, bon époux, artiste éminent; tout ce verbiage sonore ne vaut pas pour nous la plus simple mention dans un compte, ou l'appréciation tranquille d'un étranger. L'éphitaphe disait dans son latin pompeux :

D. O. M.

VIATOR

SI LEGIS HABES QUOD MIRERIS ET IMITARI CONERIS
JACOBUS CALLOT NOBILIS NANCEIANUS CALCOGRAPHIÆ PERITIA
PROPRIO MARTE NULLOQUE DOCENTE MAGISTRO SIC CLARUIT UT DUM
EJUS GLORIA FLORENTIAE FLORERET EA IN ARTE PRINCEPS SUI TEMPORIS
NEMINE RECLAMANTE HABITUS AC A SUMMO PONTIFICE IMPERATORE NEC
NON REGIBUS ADVOCATUS FUERIT, QUIBUS SERENISSIMOS PRINCIPES SUOS
ANTEPONENS PATRIAM REPITIIT UBI HENRICO III° (SIC) FRANCISCO II° CAROLO IIII°
DUCIBUS CALCOGRAPHUS SINE PARI, MAXIME CORDI PATRIAE ORNAMENTO
UBI DECORI, PARENTIBUS SOLATIO CONCIVIBUS DELICIIS UXORI SUAVITATE.
FUIT, DONEC ANNO AETATIS XLIII° ANIMAM CŒLO MATURAM MORS IMMATURA
DIMITTENS XXIIII° MARTII CIƆCICXXXV CORPUS CHARISSIMAE UXORI
CATHARINA KUTTINGER FRATRIQUE MOERENTIBUS HOC NOBILIUM
MAJORUM SEPULCHRO DONANDUM RELINQUENS PRINCIPEM QUIDEM
SUBDITO FIDELI, PATRIAM ALUMNO AMABILI, URBEM CIVE OPTIMO
PARENTES FILIO OBEDIENTI, UXOREM MARITO SUAVISSIMO FRATREM
FRATRE DILECTO PRIVAVIT AT NOMINIS ET ARTIS
SPLENDORI NON INVIDIT
STABIT IN AETERNUM NOMEN ET ARTIS OPUS

EN VAIN TU FEROIS DES VOLUMES
SUR LES LOUANGES DE CALLOT
POUR MOY JE N'EN DIRAY QU'UN MOT
SON BURIN VAULT MIEUX QUE NOS PLUMES.

Passant,

« Si tu lis tu auras un bel exemple à admirer et à imiter Jacques Callot, noble Nancéien, s'est élevé tout seul et sans maître si haut dans l'art de la gravure, que pendant son séjour à Florence il passa pour le premier artiste sans nul conteste; il fut appelé par le souverain pontife, l'Empereur et les rois, mais il leur préféra ses princes et revint dans sa patrie. Il y devint le graveur sans rival des ducs Henri II, François II et Charles IV, la gloire de son pays, l'ornement de sa ville natale, la consolation de ses parents, les délices de ses concitoyens, la joie et le bonheur de sa femme, jusqu'au jour de sa quarante-troisième année que la mort prématurée enleva son âme mûre pour le ciel, le 24 mars 1635. Il laissait à sa femme Catherine Kuttinger et à son frère en deuil le soin d'ensevelir son corps dans le tombeau de ses nobles ancêtres ; il privait son prince d'un sujet fidèle, sa patrie du meilleur de ses fils, sa ville, d'un citoyen excellent, ses parents, d'un enfant soumis, sa femme, de son doux ami, son frère, d'un frère tendrement aimé; mais son art et son nom ne pouvaient être plus grands.

« Ce nom et son œuvre vivront éternellement. »

Le tombeau existait encore dans son état primitif en 1738, à l'époque où Mariette le fit copier. Abraham Bosse en avait donné un aperçu de fantaisie cent ans auparavant, en transformant les figures d'ornement, en changeant même le portrait et l'épitaphe. Il fut depuis, en 1751, détruit en partie par l'effondrement du cloître des Cordeliers, raconté par le P. Husson, un des biographes de Callot. On le releva tant bien que mal, et il demeura dans le cloître jusqu'en 1794 qu'on le renversa avec celui des ducs.

Les cendres seules furent respectées; on les transporta en 1825 dans l'église, sous un petit monument de goût douteux, où elles sont encore.

En mourant, Jacques Callot laissait des œuvres inachevées, d'autres terminées mais non publiées encore. Parmi les premières il convient de compter la *Petite treille*, « la dernière planche gravée par deffunt Callot à laquelle l'eau-forte n'a esté donnée qu'après sa mort ». C'est une charmante pièce oblongue

Tombeau de Jacques Callot, d'après le dessin conservé par Mariette, aujourd'hui au Cabinet des estampes de la Bibliothèque Nationale.

représentant quelque cabaret des environs de Nancy, avec une treille sous laquelle sont attablées plusieurs personnes. Il faut y ajouter le « Nouveau testament faict par Jacques Callot qui n'a sçeu finir le reste, prévenu de la mort l'année 1635 ». Cette mention est d'Abraham Bosse, son admirateur, qui en grava le

Le Retour de l'enfant prodigue.

titre. Au contraire l'*Enfant prodigue*, les *Petites misères de la guerre* étaient parachevées, mais non mis au jour; ce fut Henriet qui les produisit à Paris.

On lui attribue la préparation d'une suite dite les *Bourgeoises*, sur la foi de Mariette. D'après ce collectionneur, Israël Silvestre aurait gravé ces figures sur les dessins à la plume de Callot; rien ne s'oppose à cette affirmation. C'est dans la série des bourgeoises qu'on rencontre une silhouette de femme assez gentiment traitée, ayant auprès d'elle une petite fille. La lettre porte : « Demoiselle Catherine Puttinger (*sic*) espouse de Jacques Callot, et sa fille ». Or Callot n'eut point d'enfant de sa femme, et c'est en se basant sur cette lettre peut-être de fantaisie, qu'on a supposé un mariage antérieur de Catherine Kuttinger. Il se pourrait toutefois que Mme Callot eût posé pour cette figurine comme elle dut poser pour une des planches de la *Noblesse*. La mode était fréquente chez les artistes d'alors de représenter eux-mêmes ou les leurs dans le dessins ou les peintures; l'enfant pouvait être une nièce du graveur. Je ne rejetterais donc point aussi formellement que l'a fait M. Meaume l'attribution fournie par la légende; ceux-là qui l'avaient écrite savaient probablement à quoi s'en tenir, mais j'avoue n'avoir rien trouvé de probant.

Ainsi disparaissait, dans la maturité de son talent, un des plus curieux esprits du dix-septième siècle. Depuis Albert Dürer, la gravure originale n'avait produit personne à lui comparer. Sa gloire fut telle, qu'elle dépassa peut-être les justes limites; sa note spirituelle, essentiellement personnelle, a passionné ceux qui mettent l'invention et le brio au-dessus de la science tranquille et réfléchie. Callot a pour lui le

même public que Rabelais ou La Fontaine; à ce titre
on en a fait un Français, un virtuose parlant notre
belle langue imagée et claire. Laissons ce piédestal
au graveur lorrain, saluons en lui le précurseur
incontesté de notre école dite des petits maîtres, de
ces illustrateurs sans rivaux au monde qui ont nom
Abraham Bosse, La Belle, Silvestre, et Sébastien Leclerc.

IX

Callot peintre. — Erreurs à ce sujet. — Les dessins de Callot. — Les copies d'estampes de Callot en dessins à la plume. — Collectionneurs de Callot; Claude Maugis. — Caractère du collectionneur d'après La Bruyère. — Transmission des planches originales du maître; Silvestre; Fagnani. — L'héritage artistique de Mme de Graffigny converti en casseroles. — Cuivres originaux achetés par l'abbé de Chancey à Fagnani et vendus en Angleterre. — Leur retour à Nancy dans le cabinet de M. Thiéry. — Les tirages modernes. — Conclusion.

Je n'ai point à m'étendre longuement ici sur les attributions plus ou moins fantaisistes de pièces anonymes données à Callot; on ne prête qu'aux riches, et sur ce point l'artiste lorrain n'a point à compter. Tenons-nous-en donc aux œuvres indiscutables, et dans le doute, gardons-nous d'affirmer rien.

Il y aurait d'ailleurs bien des légendes à détruire dans l'histoire de cette existence si bien remplie; Jacques Callot peignait-il? A-t-il laissé des toiles authentiques? On lui a souvent fait honneur d'un panneau du Palais Corsini représentant la vie du soldat; mais il eût traité ce sujet pendant son séjour en Italie, si l'on en croit Nibbi; or nous avons eu occasion de remarquer tout à l'heure que la passion des scènes guerrières ne lui vint que sur le tard.

Aussi bien, quel texte le nomme jamais un peintre? Son épitaphe si louangeuse et si en quête de qualifications sonores reste muette sur ce fait. Le *Triomphe* jadis possédé par Titon du Tillet passait pour être de lui, ou de Stella, on n'était pas définitivement fixé. Une remarque à faire, c'est que la plupart des tableaux dont on lui fait honneur sont inspirés de ses gravures; comme ils leur sont inférieurs, la conclusion se tire d'elle-même.

En ce qui concerne les dessins, les méprises sont moins fréquentes; laissant de côté les croquis de l'Albertine dont nous avons parlé déjà, et qui sont également imités de ses eaux-fortes par un élève, nous pourrions citer plusieurs esquisses indiscutables au Louvre, telles que la *Grande Passion*, le portrait de *Deruet*, le *Massacre des Innocents*, à la plume, lavés au bistre, et provenant de Mariette. La bibliothèque de Rouen conserve vingt dessins originaux dans le genre des Caprices; le musée Wicar à Lille, plusieurs sujets acquis à Florence par le grand collectionneur. D'autres ont disparu dont nous suivons la trace au dix-huitième siècle, entre autres les *balli* et neuf cent trente-six dessins dans le cabinet de M. de Jullienne. Il en reste aux Offices à Florence. De temps en temps quelque épave fait son apparition dans un catalogue de vente; authentique ou supposée, elle entre aussitôt dans la circulation marchande, mais atteint rarement de gros prix.

En thèse générale, les amateurs devront se méfier des croquis rendant exactement l'estampe de Callot. Un artiste comme lui ne jetait son idée sur le papier que pour avoir un thème arrêté et des proportions justes. Rarement s'en tenait-il à une copie calquée dans le report sur cuivre. Il remplissait de-ci de-là les vides de la gravure par des griffonnis ou des figurines venues d'abondance au cours du travail. Les dessins de Callot les moins discutables seront donc toujours bien plutôt ceux qui, tout en restant dans l'allure générale, marqueront les différences sensibles avec l'eau-forte définitive. Il faut se rappeler d'ailleurs le but de plusieurs séries publiées par lui; elles devaient servir aux gens qui apprenaient le dessin à la plume. Pourquoi ces devoirs d'élèves auraient-ils tous disparu, et ne seraient-ils pas quelques-uns des prétendus croquis de Callot retrouvés dans les collections?

Je ne cesserai de recommander le plus grand scepticisme en pareille matière; les amateurs raisonnent rarement et, se croyant impeccables, tiennent pour réel ce qui les flatte le plus. Mais les mieux avisés seront toujours les collectionneurs d'estampes; ils ont du maître une signature authentique, et rien ne vaut un papier dûment signé.

Callot eut le rare privilège de forcer de bonne heure l'admiration et d'entrer, presque à ses débuts, dans le courant des maîtres recherchés par les

curieux. Claude Maugis, ancien aumônier de Louise de Lorraine, et qui depuis occupa les mêmes fonctions auprès de Marie de Médicis, avait eu le premier l'idée de former des albums d'estampes recueillies un peu partout. Il louait Callot sans réserve, et pour lui en témoigner sa reconnaissance, celui-ci lui dédia les treize pièces de la Vierge publiées par Israël Henriet. Il appelle Claude Maugis : « Homme très illustre, con-
« seiller de la reine Mère et du roi, aumônier ordinaire
« de leurs majestés, et abbé de saint Ambroise ». Plus tard le cabinet de Maugis passa à l'abbé de Marolles, et l'on sait que les collections de Marolle ont formé le noyau primitif du département actuel des estampes à la Bibliothèque Nationale.

Ce que la passion d'amasser des épreuves rares, d'en composer des cahiers devint au dix-huitième siècle, c'est La Bruyère qui nous l'apprend dans la forme ironique qui lui est particulière. Sous le nom de Démocède, il peint quelque maniaque d'alors tout occupé de sa passion, consterné de la quantité de vides remarqués dans ses suites précieuses. Il amasse pour amasser d'ailleurs, et la moindre pièce manquant lui cause des insomnies.

« Vous voulez, ajoute Démocède, voir mes estampes? Et bientôt il les étale et vous les montre. Vous en rencontrerez une qui n'est ni noire, ni nette, ni dessinée, et moins propre à être gardée dans un cabinet qu'à tapisser un jour de fête le Petit-Pont ou la rue Neuve.

Il convient qu'elle est mal gravée, plus mal dessinée, mais il assure qu'elle est d'un Italien qui a travaillé peu, qu'elle n'a presque pas été tirée, que c'est la seule qui soit en France de ce dessin, qu'il l'a achetée très cher et qu'il ne la changerait pas pour ce qu'il a de meilleur. J'ai, continue-t-il, une sensible affliction et qui m'obligera à renoncer aux estampes pour le reste de mes jours. J'ai *tout Callot*, hormis une seule qui n'est pas à la vérité de ses bons ouvrages, au contraire c'est un de ses moindres, mais qui m'achèverait Callot. Je travaille depuis vingt ans à recouvrer cette estampe, et je désespère enfin d'y réussir. Cela est bien rude! » (*De la Mode*, XIII, § 2.)

Démocède n'est point mort, de nos jours il collectionne plus que jamais, seulement il a quelque peu délaissé Callot pour Lawreince ou Debucourt.

Pendant tout le règne Louis XIV, le graveur lorrain conserva son prestige; les estampes de Silvestre, de Perelle, de Sébastien Leclerc, inspirées de lui, le maintenaient dans sa faveur première. Les curieux recherchaient de préférence ses œuvres florentines, moins répandues en France, parce que les planches étaient restées en Italie et qu'on n'en tirait plus d'épreuves nouvelles. Pierre Morin, fleuriste à Paris, derrière l'hôpital de la Charité, les achetait à tout prix pour les joindres aux œuvres d'Albert Dürer. Quant aux travaux purement lorrains, ils étaient devenus la propriété d'Israël Henriet, qui les laissa à son neveu Israël Silvestre. Le gendre de ce dernier vendit les cuivres originaux à Fagnani dans le courant du dix-huitième siècle. Ce Fagnani, sorte de brocanteur italien, numérota les séries, travailla les planches pour en obtenir des états plus rares et classa l'œuvre entier « en deux grands volumes in-folio comme est celle qu'il a eu l'honneur de faire voir à Monseigneur, et où la curiosité se trouve entièrement satisfaite ; il les a aussi séparez en autant de petits volumes qu'il y a de matière pour former différentes grandeurs de livres dans une bibliothèque. »

Comme on le voit par ce passage de Florent Lecomte, Fagnani était le précurseur des modernes *rafistoleurs*. Mais si peu louable que fût ce trafic savant, il eut du moins l'avantage de sauver la plus grande partie des originaux du naufrage. A la mort de Callot, les héritiers avaient fait deux parts des planches gravées en Lorraine; Catherine Kuttinger vendit la sienne à Silvestre ; celle du frère, Jean Callot, se transmit de proche en proche jusqu'à Françoise d'Issembourg, arrière-petite nièce de l'artiste, devenue Mme de Graffigny, sorte de bas-bleu médiocre, auteur des *Lettres péruviennes* justement oubliées. Mme de Graffigny avait la passion des ustensiles de cuisine et le mépris des œuvres d'art. Elle avisa certain jour les cuivres noircis de son héritage, et les livra à un chaudronnier qui les convertit en casseroles et en bassinoires. Vers la fin du dix-huitième siècle, M. de Craon possédait une cuvette taillée dans une eau-forte de Jacques Callot; depuis cette pièce a disparu.

Quand Fagnani cessa son commerce, il céda les originaux achetés par lui à l'abbé de Chancey, garde des Estampes du roi. Celui-ci était un fonctionnaire infidèle; chassé de son emploi pour indélicatesse, il vendit les cuivres en Angleterre. Depuis ceux-ci revinrent à Paris, et après des pérégrinations nombreuses chez des marchands parisiens, ils furent successivement acquis par M. Thiéry, de Nancy, qui les gardait encore ces temps derniers.

De ces cuivres, les uns ont résisté aux tirages à cause de leur dureté propre : tels sont ceux des *Misères de la Guerre*. D'autres au contraire, comme les *Supplices*, se sont écrasés sous le rouleau, et sont usés par la presse. Au temps de Fagnani, quelques-uns d'entre eux tenaient encore; depuis, les fonds se sont nivelés, les finesses ont disparu et les épreuves qu'on en pourrait tirer ont perdu le ragoût singulier et puissant des premiers états.

Les estampes vendues sous le nom de Callot son très souvent de misérables épreuves obtenues sur ces planches déshonorées. On y trouve parfois un nom d'éditeur, Langlois, Vincent, ou autres qui avaient possédé les originaux pendant le dix-huitième siècle. Ces images n'ont aucune valeur; on a eu beau leur faire une toilette spéciale, les préparer en salissant le papier, en reprenant même les lointains, elles ne trompent personne. Empâtées et décrépites, elles sont aux tirages contemporains de Callot ce que Madame Récamier vieillie était au portrait de David.

L'artiste ne connaissait point les artifices de tirages imaginés par Rembrandt, lequel faisait passer une eau-forte par toute la gamme des tons en forçant ou en atténuant son encrage. Callot gravait dans une manière qui voulait imiter le burin, et qui participait des avantages et des inconvénient de ce procédé. Le trait est trop écrit, trop net pour autoriser les demi-teintes ; nous avons relevé les lourdeur inhérentes à la méthode dans quelques pièces ci-devant décrites, entre autres le *Brelan*. Au lieu de se condamner à ces tailles en treillage, Rembrandt eût fait simplement agir l'encre sur le plat du cuivre et obtenu ainsi les obscurités péniblement pointées pièce à pièce par Jacques Callot.

Sans vouloir pousser plus loin ces réflexions complémentaires de notre travail, nous pouvons affirmer que le faire du Lorrain est un des plus populaires qui soient. Les yeux les moins exercés le reconnaissent sans peine aucune. On parle de Callot comme de son compatriote Grandville ; l'un éveille aussitôt l'idée des gueux, l'autre celui des animaux travestis. Quand on éleva en 1877 sur une des places de Nancy une statue au maître du dix-septième siècle. on mit ces simples mots sur le socle :

A JACQUES CALLOT

né à Nancy en 1593, mort à Nancy en 1635.

Et cette mention est plus éloquente que ne le fut jamais l'épitaphe louangeuse et ampoulée des Cordeliers.

DEUXIÈME PARTIE

LES CONTINUATEURS

I

LES ITALIENS

Révolution apportée dans l'eau-forte par Jacques Callot. — Les estampes de Callot servent de modèle à toute une génération de graveurs. — Stephano della Bella imitateur de Callot. — Sa vie, ses premiers travaux. — Son séjour à Florence, à Rome et à Paris. — Les dessins de l'Albertine de Vienne. — Les illustrations de *Mirame*. — La vue du Pont-Neuf. — Le frontispice des œuvres de Scarron. — Les danses macabres. — Influence de della Bella sur la popularité de Callot.

L'allure nouvelle communiquée à l'eau-forte passionna les artistes; avant Callot, le procédé plaisait par certains côtés de pratique facile; sans grand apprentissage, les peintres pouvaient tailler des planches, et, par ce moyen, répandre leurs idées à un nombre plus considérable d'exemplaires. Mais l'aspect de ces épreuves était médiocre; le vernis mou employé laissait l'acide attaquer le métal au hasard, il s'ensuivait des salissures qu'on n'avait pas trouvé le moyen d'utiliser en vue d'accentuations possibles dans les ombres. En substituant le vernis des luthiers à l'autre, Jacques Callot révolutionna d'un coup l'économie ordinaire des aqua-fortistes. Peut-être n'avait-il point deviné la portée de sa découverte ; ce changement purement matériel, tout simple qu'il pût paraître cependant, allait transformer du jour au lendemain l'art merveilleux déjà, mais encore incomplet auquel il s'appliquait. Et l'aisance n'en serait pas atténuée ; les maîtres pourraient livrer des œuvres rivales du burin, sans plus d'effort que de jeter sur le papier une esquisse à la plume ou à la sanguine.

C'est par là surtout que le graveur lorrain tient sa place au nombre des grands inventeurs ; sa trouvaille, proclamée une *merveille* dès le temps où il vivait, mérite de garder ce nom. Mariette le disait au dix-huitième siècle avec l'autorité que lui donnait sa réputation de collectionneur émérite :

« Lorsque Callot, écrit-il dans ses notes, eut montré tout l'avantage que l'on pouvoit tirer de l'eau-forte, qu'il eut trouvé le secret du vernis dur, et qu'il eut par ce moyen mis au jour des ouvrages où la délicatesse de la touche et l'esprit se trouvoient joints à la propreté de la graveure, l'on vit paroistre aussitôts plusieurs graveurs qui entreprirent de suivre ses traces. »

Ce mouvement énorme, cette poussée magnifique de génies nouveaux continuée pendant le dix-septième siècle entier et passée aux vignettistes du dix-huitième est l'œuvre du Nancéien. S'en doute-t-on beaucoup aujourd'hui que les illustrations de Gillot, de Cochin, d'Eisen ou de Moreau atteignent le prix des toiles les plus vantées? Sait-on que cette manière précieuse de décrire les mœurs et les coquetteries d'une époque naquit à Florence à la cour des grands-ducs, dans l'atelier modeste d'un petit artiste inconnu? Je voudrais tenter de renouer aujourd'hui cette chaîne ininterrompue partant de Callot pour venir par Bosse, Chauveau, Leclerc, Gillot et les autres petits maîtres de la Régence, jusqu'aux artistes hors de pair du règne de Louis XV.

Lorsque Jacques Callot mourut, l'élan était donné; ses estampes répandues dans les ateliers servaient de modèle aux hommes de la génération nouvelle. On le copiait, on l'imitait en toutes choses. D'abord ce furent les Florentins qui reprirent pour leur compte ces inexprimables finesses; ils avaient été les mieux servis dans le partage; les *Caprices* racontaient leurs fêtes, l'*Impruneta* montrait leurs foules bigarrées; les *balli*, c'étaient les farces de leur comédie triviale et populaire. Un dessinateur émérite, un délicat penseur naîtrait de la faveur marquée où ses compatriotes tenaient les estampes du maître lorrain, c'était Stephano della Bella, ce La Belle dont la réputation rivaliserait un jour avec celle de son inspirateur. De moindres ouvriers s'essayeraient aux mêmes besognes, et parmi eux Melchior Gherardini; un médiocre adaptateur nommé Antonio Lucini; Ercole Bazzicaluve, tout ensemble amateur, graveur de talent et diplomate célèbre; Bernardino Capitelli, qui recherchera dans les estampes de son modèle ce qui vaut le moins, les clair-obscur embrouillés et diffus du *Brelan* ou de la *Sainte Famille*. Et ceux-là sont les pasticheurs avoués et reconnus; mais combien d'autres ne signèrent pas leurs planches, qui traduisaient librement Callot dans des estampes de mince conséquence?

Comme nous le disions, le premier d'entre eux fut Stephano della Bella, tempérament féminin, resté original en paraphrasant le Lorrain à sa manière. On l'a réputé, non sans une apparence de raison, plus habile dans la façon de conduire les effets, de toucher les finesses, de peindre, en un mot, à l'eau-forte; mais les louanges ont parfois dépassé les limites permises. Ceux qui l'ont voulu mettre au-dessus de Jacques Callot ne se sont point donné garde que son allure enjouée et rapide provenait surtout des copies faites par lui sur les œuvres du maître. L'un reste un initiateur, un créateur, l'autre fut un élève particulièrement doué qui sut se faire la part belle, mais n'inventa rien.

Une particularité frappe dès l'abord en feuilletans l'œuvre considérable de Stephano della Bella, c'est la parité absolue entre les sujets traités par Callot et ceux qu'il traita lui-même. On dirait que les caprices, les chasses, les titres d'ouvrages, les portraits ou les armoiries eussent été choisis par lui de préférence pour établir une comparaison entre ses travaux et ceux du Lorrain. Et pourtant la coïncidence est plus fortuite que volontaire. La mode était alors des scènes de mœurs, des figures dites de caractère. Callot avait ouvert la voie; La Bella suivit par cette raison toute simple que les éditeurs trouvaient dans ces compositions un débit facile. Ce sont d'ailleurs les mêmes causes qui conduisirent le Florentin, toujours à l'exemple de Callot, de Florence à Rome, de Rome à Paris et de Paris en Hollande et dans les Pays-Bas. Là vivaient les admirateurs, les acheteurs et les maîtres capables de comprendre une œuvre et de la critiquer avec fruit.

C'est environ dans le temps que Jacques Callot s'enfuit en Italie, vers 1608 ou 1610. Un sculpteur de l'école de Jean de Bologne, nommé Gaspardo della Bella, travaille de son métier à Florence, où son frère Francesco est également établi. Gaspardo, marié à Dianora dei Bonajuti, a trois enfants, Geromino, Lodovico, et le dernier né le 18 mai 1610, filleul de Tacca, Stephano dit Stephanino. La vie n'est point large dans la famille; la sculpture nourrit à grand peine tout ce monde, Gaspardo della Bella, épuisé de fatigues et de privations, meurt en 1612, laissant sa femme veuve dans la plus noire misère.

Des trois enfants, le premier entreprend la peinture, le second entre en apprentissage chez un orfèvre;

quant à Stephanino, à peine âgé de dix ans, il suivra la carrière du puîné et travaillera chez Giovanni Battista Fossi, batteur d'or et joaillier.

On a dit que le jeune garçon avait connu Callot à Florence, qu'il en avait reçu des leçons; ce sont là des romans de pure imagination. Quand le graveur lorrain quitta l'Italie en 1621, Stephano della Bella avait onze ans à peine, pas le moindre goût pour un art quelconque, et bien plutôt l'envie de courir la ville en compagnie de camarades de son âge. D'ailleurs l'orfèvre Fossi ne s'embarrassait point de ses apprentis; il les prenait pour les courses ou les besognes faciles, mais la question de leur éducation lui importait peu. Baldinucci rapporte que la mère tira son fils de cette galère et le plaça chez Gaspardo Mola, graveur en médailles et en pierres fines. Là, nouveau mécompte; Mola est un artiste de premier ordre, mais il a sa réputation à soigner, mille fois plus chère que la carrière problématique de bambinos plus ou moins intelligents; il abandonne à ses inspirations le petit Stephano, qu'on lui reprend et qu'on donne à Horatio Vanni, un troisième orfèvre. Celui-ci a deux fils occupés à la gravure des pièces de leur métier; ils sont pour l'enfant des camarades, et lui enseignent quelques principes. Stephanino est industrieux, il s'exerce à la copie des modèles de boîtes, il y réussit. Un jour on lui montre quelque estampe de Jacques Callot conservée dans l'atelier;

il en admire la joyeuse ordonnance; il s'anime et s'ingénie à l'imiter. C'est là tout le point de départ du futur maître, ce sont les seules relations qu'il ait pu avoir avec le Lorrain. A cette époque Callot est à Nancy, il ne reviendra jamais à Florence, et quand della Bella ira à Paris, Callot aura quitté cette ville pour n'y plus retourner.

L'influence du maître sur l'élève orfèvre fut donc purement graphique, simplement matérielle; mais son œuvre donna au jeune homme l'envie de courir les fêtes, les réunions, les cérémonies funèbres; La Bella se familiarisait ainsi avec les groupements et les perspectives. Si l'on en croit son biographe, il eût tenté de redire ses impressions, et, par une bizarrerie singulière, il commençait un dessin par un pied, par un bras, suivant avec une précision consommée quelque ligne idéale que lui seul comprenait et pouvait entrevoir. Au fond ceci importe peu et prouverait seulement une chose, c'est que les frères Vanni l'abandonnaient un peu trop à lui-même, et le laissaient vagabonder sans autre souci. Peut-être l'enfant se fût-il perdu à ce jeu d'adresse; heureusement pour lui, il passa dans l'atelier d'un véritable artiste, Cesare Dandini, qui le reprit, lui enseigna les premiers principes et le sauva d'un naufrage certain.

Il y a loin de ces étapes buissonnières et inconscientes aux équipées énergiques de Callot. Supposez La Bella fils du héraut d'armes des ducs de Lorraine;

il y a fort à penser que jamais il n'eût quitté Nancy pour l'Italie, et qu'il se fût probablement contenté d'un office convenable à la cour sans vouloir mieux. C'est dans la recherche aventureuse d'une carrière que les véritables vocations se trahissent. Callot avait fait trois cents lieues à pied pour voir ce Remigio Canta Gallina que La Bella rencontra presque sans le chercher et qui lui inspira la plus vive sympathie pour l'artiste nancéien. Et ce n'est pas le côté le moins curieux de la destinée de l'apprenti orfèvre que cette admiration en faveur d'un étranger, née à Florence, dans l'atelier d'un Florentin. Elle montre au mieux quelle réputation Callot avait laissée par delà, et quelle supériorité ses œuvres lui avaient acquise.

Pourtant Stephano n'était point définitivement fixé. Un passage d'une année chez Dandini l'entraîna vers la peinture; il s'y adonna avec la passion d'un néophyte, mais cette belle ardeur dura peu. Il se remit à copier les estampes de Callot sur les métaux d'un orfèvre; c'était un gagne-pain assuré. Petit à petit sa main s'accoutuma à ces scènes toutes vibrantes de naturel et de vie; il s'habitua à voir la nature avec les mêmes yeux pénétrants et pleins de malice; dans ce commerce journalier ses idées suivirent un cours plus défini et, loin de considérer ce travail comme une fastidieuse corvée, il s'abandonna tout entier au charme de la traduction.

Il bénéficiait d'ailleurs des essais tentés par Callot:

le vernis dur permettait à sa pointe de préciser le trait, et s'il s'égara d'abord et manqua de dextérité, la pratique vint bientôt corriger ce que son expression avait de rude et de lourd. Une de ses premières estampes, le *Festin des Piacevoli*, qu'il composa en 1627 à l'âge de dix-sept ans, se ressent tout à la fois de cette inexpérience et de l'imitation presque banale de son prédécesseur. Mais on y rencontre une phrase déjà colorée et décisive, la note juste; le fourmillement des têtes y indique une recherche spirituelle des effets. Sans être une œuvre définitive le *Festin* marque un point de départ assuré et brillant, supérieur aux travaux de Callot dans la période correspondante de sa vie.

On dit que son ouvrage d'essai fut un saint Antonin, évêque de Florence, représenté en gloire, agenouillé sur les nues, dans un assez joli mouvement de ravissement pieux. Peut-être s'est-on mépris sur ce point. Le saint Antonin procède d'une manière plus parfaite de dessiner et de graver. J'y verrais plus volontiers l'œuvre de Stephano arrivé à la maturité, une image rapidement conduite sans grande préoccupation artistique.

Comme s'il eût voulu de plain-pied reprendre une à une les idées de Jacques Callot, il s'essaye tour à tour à des combats de galères, dans la *Prise des deux Galères de Bizerte*, à une *Tentation de saint Antoine* travestie, montrant le saint chevauchant un monstre à deux têtes, à des *Caprices* en seize planches. Dans cette dernière suite, il prête si bien à la confusion avec le maître lorrain que les erreurs se pourraient excuser. Il y a notamment un soldat à pied coiffé d'une bourguignotte qui rappelle à s'y méprendre les fantassins du siège de Bréda et que La Bella pouvait bien avoir simplement copié sur l'estampe. Mais il s'égare dans les lointains, dans ces fonds merveilleux où Jacques Callot taillait en se jouant les figurines, où le meilleur de son talent s'égrenait en scènes immenses, embrassant l'horizon tout entier. La Belle n'est plus à l'aise dans ces descriptions infinies, il ignore le moyen de rejeter bien loin derrière tout ce petit monde, il lui communique une valeur égale à celle des premiers plans et finit par embrouiller l'aspect général en voulant trop préciser.

Les *Gobbi* de Callot ou les grotesques attribués à Léonard de Vinci lui inspirèrent en 1630 les *Facétieuses inventions de guerre et d'amour*, en six planches de deux figures chacune. Le pastiche n'est point médiocre pour un artiste de vingt ans; mais on sent cette préoccupation incessante et monotone de reprendre pour soi les succès d'autrui. Il en était au dix-septième siècle comme de nos jours, les œuvres regardées et vantées excitaient les convoitises des débutants. Une Tentation de saint Antoine remarquée en appelait vingt autres. Pensez bien que sans Callot, jamais La Bella n'eût songé aux *Inventions facétieuses*, l'art n'y eût pas perdu grand'chose et le jeune graveur n'en eût valu ni mieux ni pis.

En résumé, toute cette première période du talent de La Bella est essentiellement lorraine; elle marque les tâtonnements de l'artiste, le but qu'il poursuit. Travaillant aux côtés de Jacques Callot, il n'eût su mieux faire. Une tendance se révèle dans ces débuts, c'est la manière spéciale de noyer les contours, l'envie de peindre en surchargeant de tailles fines et ténues les moindres figures. Callot, c'est la silhouette nerveuse à peine renforcée de teintes d'ombre, sans les ciels chargés n les fonds noircis; La Bella, au contraire, c'est le velouté, l'adoucissement. Moins sûr de lui, moins capable de concision brutale et franche, il noie les lignes de contour sous des griffonnis nacrés parfois inutiles. Il faut bien l'avouer, le ton général est plus doux à l'œil, il excuse l'engoûment de certains amateurs, mais le dessin n'a plus la crânerie foudroyante des croquis enlevés à la pointe par Callot, c'est déjà un commencement de décadence.

C'est à cette époque environ, c'est-à-dire au moment du voyage de La Bella à Rome, vers 1635, que nous reporterions les dessins de l'Albertine de Vienne. L'artiste envoyé dans « la grande patrie » pour s'y perfectionner, grâce à la générosité de Laurent de Médicis, allait rencontrer là les ambassadeurs de Pologne envoyés à la Cour pontificale. Il voulut décrire dans ses moindres détails la cavalcade empanachée et bizarre de ces envoyés du Nord, au milieu de leur cortège de féerie. Il dessina sur des cuivres en longueur, destinés à être aboutés, les divers groupes du cortège, depuis les cardinaux, les gardes à cheval, jusqu'à ces extraordinaires chameliers persans amenés à grands frais, les seigneurs engoncés dans leurs robes fourrées, et les officiers romains venus à leur rencontre. La Bella gardera toute sa vie le souvenir de ce défilé d'opéra; il reprendra de temps à autre les étranges physionomies rencontrées là, et il aimera à les détailler en estampes ordinaires. De là les esquisses de l'Albertine, attribuées à Callot un peu inconsidérément ; c'étaient des notes destinées aux compositions ultérieures, réservées pour autre un temps; La Bella les avait prises sur nature en 1633.

Plus tard, il eût dit autrement ces choses, il eût été moins près de Callot; dans ce temps il est tout entier à son premier entraînement. Qu'il décrive en une estampe d'imagerie l'invention de Notre-Dame de l'*Impruneta*, qu'il montre, dans un frontispice destiné au livre de Jean Nardio sur l'analyse physique du lait, Esculape sacrifiant à la Nature, il est demeuré l'élève docile, si docile même qu'on a souvent donné à Callot la paternité de ce dernier travail. C'est la touche même du Nancéien, ses franchises un peu crues dans les figures, l'audace extrême de ses aperçus. Il fit également un éventail si près de celui de l'Arno qu'on ne saurait dire. C'est, dans un cadre très orné, une danse au milieu d'une foule considérable; et comme il ne signa point, les collectionneurs n'ont

Polonais, par Stephano della Bella.

pas manqué d'en gratifier Callot, suivant la loi commune.

Della Bella revint à Florence pour la célébration du mariage du grand-duc; mais une tâche moins gaie l'attendait à son arrivée. Il dut graver sur les dessins d'Alphonse Parigi, successeur de Jules, les cérémonies funèbres faites à Florence pour les obsèques de l'empereur Ferdinand II. Et tandis que Parigi s'inspire de son père dans ses compositions, La Bella les traduit dans la manière de Callot, d'une pointe libre et franche, sans envie de pousser trop loin. Une des planches nous décrit la décoration intérieure de l'église, les squelettes gigantesques dressés contre les piliers, le catafalque élevé devant l'autel, et gardé par deux figures de guerriers à cheval, armés de toutes pièces. Dans la nef, la foule des curieux; en haut, dans les pourtours, es litres chargées de lumières, les draperies aux armes des Médicis. Bientôt, le jeune artiste abandonnera ces funérailles déjà oubliées de tous, pour redire les noces princières, les réjouissances florentines. Il est le contemporain immédiat du grand-duc Ferdinand II, né comme lui en 1610; il a envers ce prince une dette de reconnaissance à payer qu'il réglera de son mieux. Peut-être eût-il aimé à combiner seul les fantaisies de ses dessins, à choisir les scènes; mais ici, comme pour les funérailles de l'Empereur, c'est Alphonse Parigi qui donne le ton et fournit les sujets. L'album orné d'un frontispice représentant un théâtre contient huit estampes principales sur la noce des dieux. Dans la première, une vue de Florence, délicatement tracée en perspective lointaine, rappelle les touches de Callot. Les autres découvrent comme sur une scène la forêt de Diane, le jardin de Vénus, la mer, l'enfer, le ciel, et la grotte de Vulcain. Pour ces travaux, La Belle n'avait pas mieux à faire que d'imiter franchement Callot ou Canta Gallina; on retrouve dans ses tailles rapides et sobres beaucoup de l'un et de l'autre des deux maîtres.

Ensuite il retourne à Rome, où de nombreuses commandes lui sont réservées; il reste fidèle au Lorrain dans la plupart d'entre elles. Même quand il grave le frontispice de la *Selva de Cupressi* pour la célèbre Marguerite Costa, une Muse romaine d'alors, il y joint une dédicace au duc de Guise Charles de Lorraine, en souvenir du Nancéien. Une autre fois il détaille dans une très petite planche l'intérieur d'une église, et les plus éclairés attribueront son œuvre à Callot. Le plus curieux, c'est que tant qu'il restera en Italie, il s'en tiendra à l'expression particulière empruntée au maître, il en gardera l'accent. Il ne changera guère de manière pour devenir lui-même qu'à son voyage en France où l'appelaient les offres du cardinal de Richelieu, et les perspectives dorées d'une campagne artistique durable. Il vint à Paris comme Callot était allé à Rome, en la compagnie d'un ambassadeur qui l'accepta gracieusement au nombre des gens de sa suite, et le défraya.

A peine installé, le jeune Florentin se fait connaître par une suite bien personnelle consacrée à l'ouverture de la grande salle du Palais « Cardinal ». C'était en 1641, on donnait pour la circonstance la tragi-comédie de *Mirame*, en cinq actes. Stephano della Bella — ou mieux Etienne de La Belle, comme l'appelaient les Français — fournit à l'éditeur Legras, au Palais, une estampe par acte, illustration habile et gaie d'une œuvre mortellement ennuyeuse. Le frontispice, c'est la reproduction exacte de la scène et de son rideau, avec les spectateurs attentifs; elle est devenue célèbre à cause de la rareté de ces descriptions de théâtre. Quant aux personnages, ils ont quelque chose de la gaucherie étrangère; les dames y sont désespérément longues, elles sont mal habillées; La Belle est encore un peu trop Florentin.

Nous n'avons point intention de suivre l'artiste pas à pas. Ce que nous voulons montrer, c'est l'influence indéniable de Callot sur lui, la direction morale qui lui vint de Lorraine. En tout il marche sur les traces de son prédécesseur. Le voici courant les camps à la suite de Richelieu, préparant des esquisses en vue de la gravure du siège d'Arras. Le voilà jetant les *Caprices* chez tous les éditeurs, montrant tour à tour les gens de guerre, les paysans, les chasses, les fêtes campagnardes. Callot a-t-il composé, pour un portrait du Roi fait par Lasne, un petit combat destiné au fond? La Belle en imagine de suite un autre pour une estampe de Daret. Il met derrière un farceur du Pont-Neuf, jouant de la guitare, gravé au burin par Rousselet, une merveilleuse vue des quais avec les maisons de la place Dauphine, le Louvre et la tour de Nesle. Il tient à aborder les mêmes histoires que son devancier et à se montrer son rival en toutes choses. Une fois il lui est supérieur, c'est quand il esquisse en **1646** le terre-plein du Pont-Neuf où se

Mirame, tragi-comédie jouée en 1641. — Gravure de La Belle.

passent tant de choses; où les seigneurs coudoient les malingreux, où le roi en carrosse frôle les haquets des débardeurs, où les tréteaux en plein vent retiennent les foules. C'est l'*Impruneta* de Callot, mais avec une pointe de noblesse en plus, quelque chose de plus policé, de moins cruel. Dans l'œuvre primitive, retouchée depuis et abîmée par une main maladroite, la vue s'étendait jusqu'au Cours la Reine, les horizons se dégradaient subitement jusqu'à disparaître sans effort dans leur finesse même. Les rives de la Seine encombrées à merveille, les quais chargés de troupes, donnaient l'illusion de la cohue immense des grandes villes. Après les premiers tirages, on s'avisa de renforcer les lointains légèrement écrasés; on les reprit sans mesure et obtint des lourdeurs incompatible. avec les effets atténués des premiers plans; l'harmonie était détruite à jamais.

Quoi qu'il en soit de ces accidents, le *Pont-Neuf* de La Belle demeurera la pièce capitale de son œuvre, tant par l'esprit de la composition, la liberté des figures, la justesse des perspectives, que par les dimensions mêmes du cuivre. Il procède de Callot avec une note spéciale; il a moins de brio, mais plus de distinction.

Fécond, La Belle l'est plus que personne; rien ne l'arrête. Ses relations avec Henriet l'éditeur, avec Langlois dit Chartres, avec Collignon, lui créent des obligations nombreuses. Il ne faillit point à sa tâche

A l'un d'eux les petites vues de Paris avec une dédicace au marquis de Gouffier-Boisy, à l'autre les *diverse figure et paesi;* toutes histoires charmantes de sentiment et de dessin, petits chefs-d'œuvre de finesse et d'esprit. Entre temps et pour se reposer des figures, il gravait des cartouches d'ornements bizarres, un peu filandreux et tirés par les cheveux, mais tout de même intéressants et recherchés. Une fois encore il copiera Callot dans le frontispice des *Bouffons*, comédie de Marguerite Costa. C'est un théâtre représentant une place publique; sur le devant, deux hommes sont enfermés dans des cages tournantes. Autour d'eux, les *balli* de Jacques Callot dansent un pas grotesque, celui-là même que le Lorrain avait inventé pour eux; sauterie désordonnée et ridicule, singerie populassière destinée aux esprits simples.

Il est tantôt à l'apogée du renom. Ses moindres griffonnis trouvent immédiatement un éditeur pour les faire connaître. Ses procédés diffèrent essentiellement de Callot à cette heure, il vise à l'effet d'ombre, il pousse trop au noir par la répétition un peu oiseuse des tailles entrelacées. On sent qu'il voudrait faire rendre à la pointe les accents du burin. Quand il grave le frontispice des œuvres de Scarron en 1649, il exagère encore. Tout le monde connaît cette estampe drolatique où neuf poissardes empruntées aux grotesques de Léonard de Vinci figurent les Muses et dansent un rigodon autour du poète infirme.

Scarron a trente et un ans, suivant la pancarte établie sur le dos de sa chaise. Sur la colline voisine, un Pégase s'arrête et contemple la scène avec étonnement, tandis que des faunes armés de flûtes conduisent le branle.

La Belle entreprend aussi une danse des Morts dont nous retrouvons quelques éléments dans les dessins de l'Albertine, sarabande macabre rajeunie d'Holbein, où l'on voit les jeunes et les vieux entraînés par un hideux cadavre. Il fait des animaux sur le vif et s'en tire à son honneur. Ce qu'il dit le mieux, c'est la chèvre, le cheval de trait; il n'a plus la gaucherie de ses contemporains dans l'interprétation de cette nature spéciale où les plus habiles balbutient. Ces suites nombreuses publiées sans relâche répandent son nom dans le public; les gens du peuple le connaissent pour voir ses estampes accrochées aux fenêtres des marchands; les seigneurs recherchent ses œuvres qui les reposent des images pieuses toujours semblables, des planches populaires trop caricaturales et souvent ordurières. Chez La Belle, nulle exagération politique, et on lui en tient compte. Quand les troubles de la Fronde mettront la ville sens dessus dessous, il aura trop à faire pour s'y mêler. Un jour il rencontrera dans une promenade quelques manifestants tapageurs qui le prendront pour un Mazarin à cause de son accent, et qui le poursuivront de rue en rue. La Belle détale de son mieux, serré de près par une bande acharnée; il rencontre deux dames qui arrêtent le flot en cherchant à parlementer. Le graveur se nomme alors, il explique son origine florentine, parle de son métier de dessinateur dans un baragouin qui fait rire et désarme les plus enragés; les autres connaissent ses travaux, le saluent très bas et le laissent partir.

Mais il aspire à retourner à Florence, comme Jacques Callot regrettait la Lorraine. Il fournit à Silvestre, neveu de l'éditeur Henriet, diverses vues des monuments de Paris, entre autres le Palais Cardinal, le Luxembourg, le Louvre et les Tuileries; il grave le Mausolée de Louis XIII, s'essaye à imiter Rembrandt dans des portraits, et, fatigué de ces travaux, ennuyé de la tournure des événements, subitement pris de nostalgie, il s'enfuit à Florence, où il rentre dans le courant de 1650.

Si l'inspiration venue de Callot persiste virtuellement chez La Belle après son retour en Italie, on peut dire qu'il a définitivement abandonné le genre précis, la manière sobre de son devancier. Jombert, dans son catalogue raisonné, lui attribue la *Petite place de Sienne*, estampe tellement rapprochée de Callot qu'on s'y trompe, et il en reporte la composition à la fin de la vie de La Belle, en 1661. Nous savons aujourd'hui par des comparaisons nombreuses que cette charmante pièce n'est pas de La Belle, mais de Gherardini, sinon de Callot lui-même.

La part du Florentin dans la dispersion des idées

La mort victorieuse. — Gravure de La Belle.

du maître de Nancy est des plus considérables. Son voyage à Paris fit pénétrer plus profondément le goût des vignettes spirituelles parmi les amateurs. Les œuvres de Jacques Callot eussent peut-être été impuissantes à forcer l'opinion sans cet appoint sérieux; en suivant la même route, La Belle mit en relief le génie fécond de son prédécesseur, la merveilleuse prestesse de sa main, la valeur inappréciable de ses découvertes. La réussite des imitateurs donne la mesure vraie du mérite de l'inventeur. D'autres artistes se consacrèrent chez nous à recueillir la succession du Nancéien; aucun d'eux ne vécut aussi exclusivement que La Belle de la gloire acquise par le maître; et ce qu'on lui demandait avant tout c'était de parler le même langage, d'amuser en même guise, sans rien de plus. Il le fit, au delà des espérances, et il demeurera comme l'apôtre d'un genre éminemment français, né en Italie, développé en Lorraine, compris de tout le monde.

Par une coïncidence assez curieuse, La Belle, tout comme Jacques Callot, est qualifié de merveilleux graveur dans la légende d'un portrait. Wenceslas Hollar, aquafortiste allemand dont nous aurons à parler tout à l'heure, inscrivit au bas d'une estampe représentant le Florentin cette courte biographie :

« Stefano della Bella, natif de Florence en Italie en l'an 1614, très bon peintre en petit, a aussi fait merveilles en l'eau-forte; d'un grand esprit très abondant en inventions. Il a fait son commencement auprès de Jacques Callot. On voit quantité de ses estampes partout. »

La Belle mourut à Florence le 22 juillet 1664, à peine âgé de 54 ans, laissant une œuvre de plus de 1300 pièces, grandes et petites. Une de ses dernières planches représente la Mort triomphante, emplumée, montant une haridelle, brandissant une masse d'armes. Dans le lointain un choc formidable d'armées :

> Icy la Mort triomphe entre les funérailles,
> Les plus beaux promenoirs sont les lieux des batailles ;
> Son throsne s'affermit de la cheute des morts,
> Elle change à l'instant par ses armes subtiles
> En rivière de sang les campagnes fertiles,
> Et les plaines de Mars en montagnes de corps.

Elle vint même tout doucement chercher l'artiste chez lui, au milieu de ses préoccupations funèbres.

II

LES ITALIENS.

Le autres graveurs italiens imitateurs de Callot. — Melchior Gherardini. Francesco Luccini. — Bernardino Capitelli et les clair-obscur. — Ercole Bazzicaluva.

La Belle fut un artiste complet, il eut la renommée de bonne heure, il se fit la part grande au milieu des graveurs du dix-septième siècle ; mais, comme je le disais, il ne fut point le seul à imiter Callot. Combien de gens moins connus cherchèrent à s'approprier la formule du Lorrain, à la transcrire servilement pour en tirer profit! On a nommé Melchior Gherardini, élève de Giovanni-Battista Crespi, qui abandonna la peinture pour l'eau-forte, et grâce à son talent spécial d'adaptation, approcha le plus près du modèle. Gherardini était de Milan, il était né la même année que La Belle. Tout jeune, il avait admiré les œuvres florentines de Callot, et s'était essayé à les reprendre. Il s'en tint là, jamais il n'osa quitter la route frayée pour inventer d'autres histoires. Ses *Caprici varii* dédiés au cardinal Barberini, neveu du pape poète Urbain VIII, restent un pastiche gai mais impersonnel des travaux similaires de Callot. L'aspect en est lourd, les délicatesses de l'inspirateur n'ont pu être surprises. Peut-être citerions-nous dans la suite, un départ de troupes d'un arrangement assez adroit, un festin à la campagne d'une allure enjouée ; le reste est un essai, un médiocre devoir d'élève.

Et cependant, s'il n'a point de franchise supérieure dans la gravure du premier plan, s'il s'embarrasse de tailles métalliques un peu dures, il sait couvrir ses lointains de figurines, esquisser légèrement les palais de ses perspectives, communiquer à ses planches un ton atténué et doux que ses émules ne surent jamais surprendre. La *Petite place de Sienne* est son chef-d'œuvre en ce genre. Au premier plan, une paysanne drapée dans une mante et portant sur sa tête une corbeille de légumes ; devant elle, une place immense de quelques centimètres carrés où passent des centaines de promeneurs, des carrosses, des cavaliers. Jombert avait attribué cette pièce à La Belle, d'autres l'ont donnée à Callot lui-même, c'est le plus bel éloge que nous puissions faire du travail de Gherardini.

Il reprit plusieurs fois le même sujet en variant les fonds. Tantôt ce sont des seigneurs et des gueux arrêtés sur une terrasse et laissant entrevoir au loin l'Arno et ses ponts ; un cheval tombé et se débattant avec une longue file de maisons derrière ; ou bien encore la même paysanne autrement tournée, ayant un cavalier près d'elle, et dans le lointain une place chargée de monde, de voitures, de cavaliers. Callot n'avait guère mieux esquissé les *Caprices* de Florence ; sa seule supériorité, c'est d'avoir su dire ces choses le premier, et d'avoir trouvé le moyen matériel de le faire.

Et tandis que Gherardini s'ingéniait à s'assimiler ce qui avait fait la gloire de Callot, d'autres lui empruntaient les moindres côtés de son prodigieux talent. C'est Antonio Francesco Luccini, par exemple, qui démarque les Gobbi dans le *Compendio del l'armi de Caramoggi* (1627), et compose sur ce thème saugrenu une féerie démente et grossière, où des nains hideux se livrent à toutes les insanités, à toutes les folies. Luccini n'est point un dessinateur heureux. Quand il grave d'après La Belle une fête sur l'Arno à Pise, il rompt l'ordonnance des figures, compromet les perspectives par l'âpreté féroce de son travail alourdissant. Il n'a retenu du maître qu'une chose, c'est la propension aux exagérations caricaturales ; il y ajoute les conceptions d'un tempérament brutal, et tel qu'on pourrait croire Luccini né en Hollande plutôt qu'à Florence, ville de la politesse et du goût.

Bernardino Capitelli, au contraire, emprunte plus volontiers au maître de Nancy ses clairs-obscurs, la *Sainte Famille* à table et le *Brelan*. Nous avons dit à son temps combien ces travaux particuliers tenaient une place petite dans l'œuvre général de Callot. Habitué à jeter une figure dans un trait vigoureux et concis, à écrire sa pensée sans périphrases, Callot tourmentait sa pointe pour obtenir d'elle les noirs nécessaires aux effets de lumière. C'est là pourtant ce qui toucha Capitelli. Il grava dans cette manière une série de bas-reliefs, et surtout une *Sainte Famille* à peine démarquée dans ses lignes principales. Qui sait même si quelque éditeur audacieux n'aurait pas fait inscrire le nom de Callot sur les élucubrations maladroites de Capitelli pour en avoir le débit plus facile? C'est une opinion discutable, et l'on pourrait ranger au nombre de ces faux plusieurs clairs-obscurs misérables signés du maître qui ne les avait peut-être jamais vus.

C'est le malheur du succès, et ces paternités supposées sont communes au dix-septième siècle. Combien de portraits de gens inconnus sont venus jusqu'à nous affublés de noms populaires! Une planche représentant une dame quelconque coiffée haut et portant un collerette élevée trainait-elle chez un éditeur exempt de scrupules? on la baptisait Gabrielle d'Estrées, ou la marquise de Verneuil, et elle se vendait au rabais sur les places publiques. Les catalogues de portraitures sont pleins aujourd'hui de ces supercheries. Pourquoi des œuvres si éloignées des moyens ordinaires de Callot n'auraient-elles pas eu cette destinée? Je mettrais volontiers dans ce cas la *Sainte Famille*, peut-être même le *Brelan* et les deux femmes assises au berceau d'un enfant mort.

Capitelli grava, en s'inspirant de Callot, les chars de triomphe pour les fêtes de Sienne en 1632. Il fit aussi un carrousel militaire donné à la même occasion sur la grande place de la ville. Bourgeois ou seigneurs y ont la tournure légèrement impertinente et brave adoptée par le Lorrain dans la *Noblesse*; mais il y manque ce je ne sais quoi de naturel et de franc que nous admirions naguère, et surtout les fonds admirables, cadre merveilleux des modèles.

Laissons Alphonse Parigi, demeuré dessinateur, et qui tenait de son père la souplesse agréable des figures, et l'économie spéciale des procédés qui avaient tiré Callot de la foule. Sans doute, lui aussi demanda aux estampes du maître certains secrets de facture et de disposition dont il fit bon usage; mais comme il ne nous est parvenu que traduit par La Belle, nous ne saurions en inférer rien. Au contraire, voici un amateur, chambellan de la cour d'Insprück, et plus tard gouverneur de Sienne, Ercole Bazzicaluva, qui révèle franchement ses tendances. Bazzicaluva était florentin; au milieu du tracas de ses charges officielles, il s'adonnait aux arts. Charmé comme tant d'autres et surpris à la fois de la vie intense rencontrée dans les estampes de Jacques Callot, il s'essaya à le copier, puis à l'imiter librement dans des planches de son cru. Bazzicaluva n'est point un artiste de profession, il a autre chose à faire, mais il met dans sa besogne la passion de l'homme qui ne vit pas de sa pointe. Il a plus facilement que d'autres le loisir d'étudier, de reprendre, et de ne livrer ses cuivres à la publicité que sûr de son fait.

Il est à Sienne en 1638; il compose dans cette ville, en l'honneur du grand-duc de Toscane, une suite de neuf pièces tellement rapprochées de Callot que les plus clairvoyants s'y seraient laissé prendre. Le frontispice notamment, avec sa Renommée embouchant la trompette, et la ville de Florence au loin, est un pastiche surprenant. Une chose pourtant servirait à marquer une différence essentielle, ce sont les arbres traités par Bazzicaluva dans le genre de ceux de Jean Rousseau, en choux-fleurs, tandis que Callot les séparait, les garnissait de branches noueuses.

Les *Exercices équestres* en l'honneur d'Alexandre Visconti témoignent des mêmes préoccupations. Bazzicaluva n'imagine pas qu'on puisse dire mieux que Callot, et il le met en coupe réglée. Ce sont des chasses qu'il nous montre, des combats de cavalerie, et en général tous les exercices où le cheval tient le premier rang. Callot eût pu graver plus subtilement ces petites histoires, mais il n'eût su les décrire autrement. Je signalerai comme la meilleure de la série la planche où le piqueur fait son rapport au maître d'équipage; on imagine difficilement plus de brio et de perfection chez un amateur. Il en est de même pour le combat de cavalerie, où la charge vigoureuse est enlevée de verve par un dessinateur maître de lui.

Telle était donc à Florence la réputation de Callot que, même en ces temps de décadence artistique, ses estampes avaient le don de passionner les graveurs et de former une école. Étienne La Belle fut à vrai dire le seul dont le nom ait forcé l'oubli; mais qui sait ce qu'il fût advenu si le maître eût vécu en Italie, s'il eût ouvert son atelier aux bonnes volontés? Ceux-là qui le suivirent ne reçurent jamais de lui ni conseils ni encouragements; ils mirent à l'imiter plus d'admiration que de méthode; ils furent les disciples de tradition. Et ce n'est pas la particularité la moins étrange que de voir un modeste, enfermé pendant une vie loin des centres, révolutionner à ce point toute une branche de l'art, imposer inconsciemment ses vues aux jeunes et rendre populaire un procédé dédaigné et méconnu. L'Italie allait rester sur cet effort, faute de gens habiles. Mais les Français continueraient l'entreprise, la poursuivraient au milieu de préoccupations artistiques différentes. A Paris, une classe de graveurs s'était fortement nourrie des « nouveautés » introduites par le maître nancéien. Plusieurs d'entre eux l'avaient connu et l'avaient vu à l'œuvre : un ami fidèle, Israël Henriet, lui demeurait, qui saurait à propos développer ses théories et les répandre. Le mouvement était né qui se devait continuer avec des fortunes diverses jusqu'à la Révolution française.

III

LES FRANÇAIS.

Israël Henriet, ami de Callot et son éditeur. — Abraham Bosse et Saint-Igny. — La noblesse française. — Les Gardes françaises. — Le tombeau de Callot gravé par A. Bosse. — L'atelier de Montcornet et les imitateurs anonymes du Lorrain. — Les portraits publiés par Montcornet. — Louis XIV et la *Grande chasse* de Callot. Nicolas Cochin et ses imitations. — François Chauveau s'inspire de Callot. — Israël Silvestre, neveu d'Henriet, élève et ami de Callot. — Ses œuvres. — La *Maison de Saint-Ouen*. — Le *Ballet de la princesse d'Élide*. — Les planches originales de Jacques Callot chez Israël Silvestre. — Sébastien Leclerc transporte les procédés de Callot à la vignette. — Influence de Callot sur les graveurs du dix-huitième siècle. — De Son. — Collignon. — Callot imité à Prague par Wenceslas Hollar. — Conclusion.

En France, c'est Israël Henriet, le camarade d'enfance, l'ami sincère et dévoué de Callot, qui lui fit sa réputation. Il attira le Lorrain à Paris, obtint pour lui la commande des grands sièges, publia ses planches, les répandit partout avec un zèle touchant. Un accord était intervenu entre eux, sorte de compromis à engagements réciproques; Callot n'aurait désormais d'autre éditeur qu'Henriet « son amy »; Henriet, de son côté, vendrait de préférence les estampes gravées par Callot. Cette association demeura sans nuage.

Durant le séjour d'une année qu'il fit à Paris, le maître eut occasion de visiter les gens de son métier; nous l'avons vu collaborer aux portraits du Roi chez Michel Lasne; il vit également Abraham Bosse. Les esprits prévenus eux-mêmes admirent l'intrusion modeste de ce graveur provincial qui n'essayait point d'en imposer ni de faire école. On l'admira de bonne foi, comme un homme supérieur, le régénérateur d'un art tombé. Tout en restant fidèles au burin, les successeurs de Thomas de Leu ou de Léonard Gaultier s'habituèrent à compter avec l'eau-forte. « De ce nombre, écrit Mariette, fut Abraham Bosse; il dessinoit assez passablement bien, mais la parfaite exécution de la graveure fit le principal objet de ses attentions. »

Lui aussi s'essayait aux perfectionnements. Il demandait à l'eau-forte les notes précises du burin; il était arrivé, grâce au vernis dur, à pasticher les tailles nettes et froides coupées par l'outil en plein métal; mais il pourrait plus : il saurait encadrer les scènes de mœurs imaginées par lui dans les mille riens que le burin était impuissant à écrire, les paysages fuyants, les petits personnages d'arrière-plan destinés à faire ressortir davantage les motifs principaux.

Et tout en analysant l'œuvre du Lorrain pour y chercher le procédé matériel nécessaire à ses propres travaux, il se laissa intimement pénétrer par la philosophie profonde enfermée dans ces pages immortelles. Il vit les gueux, la noblesse, les misères de la guerre qui portaient en eux une fraîcheur nouvelle, comme si Callot eût été le premier à dire ces choses. Il fut gagné par cette verve naturelle et il en subit l'attrait. Sans bien s'en rendre compte, peut-être même à son insu, Bosse refit la noblesse et les gueux; la noblesse d'après les dessins de Saint-Igny, à peu près telle que l'avait surprise Callot dans sa ville lorraine. Devant, un grand personnage en costume de cour, écrit dans une ligne large et précise, admirablement campé, et tout là-bas, bien au loin hors des vues normales, des scènes tranquilles ou cruelles, commentaire obligé du personnage, légende en rébus destinée au sire. Les *baroni*, ce seront les petits marchands des rues, la grande armée des déguenillés criant dès l'aube ses marchandises diverses; bande moins hideuse mais tout aussi pittoresque que celle des gueux. Voyez le porteur d'eau, par exemple? Callot eût-il pu rendre mieux cette physionomie étrange et finaude, cet accoutrement minable et si plein de caractère? Et ce marchand de cottrets profilé superbement sur la Seine et sur la tour de Nesle; ce joueur d'instrument mirifique empenné comme un héros, dépenaillé comme César de Basan.

Bosse s'est inspiré plus franchement encore du Lorrain, son modèle, dans la suite des gardes-françaises, où nous retrouvons les tenants de ces armées d'alors, freluquets largement attifés de dentelles, ombragés de feutres, bottés comme le chat du marquis de Carabas. A leur suite se traînent les goujats marmiteux et pleins de crotte, sorte de bohémiens eux aussi :

Ces drôles raflent tout, poules, poulets, chapons!

Sans doute l'œuvre considérable d'Abraham Bosse ne comporte guère que ces rares histoires franchement pillées dans Callot, mais à défaut de copie avouée, les tendances se devinent dans le reste. Qu'une fenêtre d'appartement s'ouvre sur la campagne, on apercevra çà et là dans les champs les figurines de Callot transportées par hasard et son petit monde vaquant à ses affaires. D'autrefois ce sont des combats qui se déroulent à l'horizon, comme dans la *Fortune de France* par exemple, gasconnade célèbre où le gentilhomme français richement accoutré fait vis-à-vis à l'Espagnol couvert de guenilles. Le panorama guerrier figuré dans le fond est une réminiscence.

Pourtant Abraham Bosse, si largement à l'aise dans les compositions d'une certaine dimension, n'a pas la délicatesse de Callot dans les fouillis microscopiques. Il fraude plus volontiers et brouille les éléments. Les *Amours d'Alexandre* du sieur Boisrobert (1629) sont ornées d'un frontispice où le graveur a figuré un défilé militaire emprunté à Callot; mais, bien que le maître fût à Paris à l'époque où cette estampe fut publiée, on ne le retrouve guère que dans l'intention. Au temps même des sièges de La Rochelle

Bosse travaillait à une entrée du roi Louis XIII à Paris pour l'éditeur Michel Tavernier. Les chars du défilé sont bien un peu ceux du *Combat à la barrière*.

Bosse composa dans la manière des clairs-obscurs de Callot une entrée de Gaston d'Orléans à la Capelle le 8 octobre 1634. Il est neuf heures du soir, le duc arrive au pont-levis de la porte, et sa figure est éclairée par les torches des gardes. Ici l'imitateur est plus habile; les traits sont moins embarrassés et moins confus que dans le *Brelan* ou la *Sainte Famille*, à supposer que ces estampes soient de Callot.

Après la mort du maître nancéien, Bosse grava le tombeau qu'on avait élevé aux Cordeliers de Nancy. La disposition lui parut-elle défectueuse, voulut-il la rendre plus claire aux amateurs parisiens? Je ne le saurais dire. Un fait certain, c'est qu'il l'arrangea à sa guise, substitua au tableau du cartouche central un buste sculpté, remplaça les têtes de génies par des visages de femmes, et mit en place de l'épitaphe latine une légende fautive en français, qui servit à égarer les biographes.

Quand un artiste populaire de la valeur d'Abraham Bosse s'empare d'une idée et l'exploite, il ne manque pas de gens pour le suivre. L'atelier du graveur-éditeur Montcornet devint bientôt une officine où les idées de Callot furent reprises par des disciples habiles. Montcornet publiait une série de portraitures des contemporains taillées au burin, et les artistes employés par lui cherchaient à animer les fonds par des scènes microscopiques rappelant un épisode célèbre de la vie du personnage représenté. Veulent-ils nous montrer le Cadet la perle, ce comte d'Harcourt de la maison de Lorraine célèbre par la boucle d'oreille qu'il avait adoptée, ils lui donnent comme cadre le siège de Turin. Le maréchal de La Meilleraye aura le siège d'Arras; le duc de Rohan, un combat de cavaliers et plus loin des rochers ronds empruntés à Callot sans être démarqués. Le cardinal Jean de Gondi se profilera sur une vue de Paris, dont il est archevêque; Maximilien de Bourgogne, sur l'Abbaye de Saint-Vaast dont il est le commendataire; le Père Joseph, l'Éminence grise, laissera entrevoir le couvent des Filles du Calvaire fondé par lui. Cromwel aura son combat naval; de moindres héros verront se dérouler des chasses; ce sont les Le Bouthilier, officiers des ordres du Roi, Particelli, contrôleur des finances, plusieurs dames, même celles gravées sur les originaux de Van Dyck, auxquelles on ajoute ce complément décoratif.

Quand le graveur donnera la figure équestre du duc d'Anjou, frère de Louis XIV, il esquissera derrière une vue de la Seine et la tour de Nesle. Mais ce sont là de pures inspirations, en somme, et des adaptations. La seule transcription authentique et indiscutable, nous l'avons trouvée sur un portrait du roi représenté à cheval, ressortant sur la *Grande chasse* de Callot arrangée pour la circonstance, avec le cerf poursuivi par les chasseurs, l'étang, et les rochers ronds baignant dans l'eau. On sent que ces praticiens n'ont pas le temps d'imaginer des scènes de leur cru, et qu'ils prennent leur bien où ils peuvent. Comme

Éventail, par Nicolas Cochin.

ils ont par devers eux les estampes du maître, ils leur font les emprunts nécessaires à leurs effets.

Quels étaient ces adaptateurs anonymes? Les figures traitées au burin et les fonds destinés à l'eau-forte montrent bien que le même ouvrier ne terminait point la planche. La physionomie une fois tracée par le portraitiste, le cuivre devait être confié au décorateur chargé de l'accentuer à sa guise. Au nombre de ces opérateurs de la dernière main, nous pourrions nommer Nicolas Cochin l'ancien, né à Troyes vers 1620, et qui suivit la manière de Callot pendant sa longue carrière. Cochin possédait les modèles principaux du maître, il en étudiait les finesses gracieuses, l'expression ardente. A l'exemple de La Belle, il recherchait de préférence les sujets du Nancéien; lui aussi avait parodié la *Tentation de saint Antoine*, en laissant une place plus grande à la figure du plaisir. Le saint est entouré de démons, mais aussi de séducions. Le style de cette composition est sobre, mais sensiblement plus mesquin et plus empêché que n'est l'inspiration farouche du créateur.

L'impulsion venue de Callot se décèle plus franchement dans la *Foire de Falaise* et la *Tour de Babel* inventées par Cochin, où des fourmilières d'êtres s'agitent et courent. Par quelle singulière idée la *Tour de Babel*, cette pièce bizarre, fut-elle dédiée à Ballesdens, le rival malheureux du grand Corneille à l'Académie française? Dans cette estampe comme dans la plupart des autres, l'artiste se perd un peu trop dans le détail, néglige les notes générales si étudiées et si parfaites chez Callot. Qu'il grave les éventails, la *Chasse royale*, le *Passage de la Mer Rouge*, qu'il demande même à son modèle préféré la *Femme adultère* ou la *Résurrection de Lazare*, il reste froid, un peu maniéré, et la gêne apparaît indiscutable.

Nicolas Cochin travaillait pour le compte des éditeurs Montcornet et Le Blond. A en croire Florent Le Comte, il eût gravé diverses estampes sur les dessins inédits de Callot; nous n'avons pu les découvrir.

François Chauveau marcha sur les mêmes brisées, mais pour être demeuré un artiste secondaire, il élargit le champ de l'eau-forte en l'employant conjointement avec le burin. C'est lui et Sébastien Leclerc qui créeront la vignette, cette note d'art si française passée aux gens du dix-huitième siècle, et devenue, grâce à eux, la merveille de notre école de gravure. A dire vrai, François Chauveau n'imita presque jamais Callot; tout au plus chercha-t-il dans la Tentation de saint Antoine quelque motif pour le *Ravissement de Proserpine* de Dassoucy (1653), entre autres certain diable aiguisant ses cornes à une meule. Quant au reste, il contribua puissamment à transformer la mode acceptée par les éditeurs. Au lieu de former des albums de suites, il fit des estampes pour des livres, pour le Molière notamment, où le grand comique apparaît dans deux fleurons de frontispices costumé en Sganarelle et en don Juan.

Le plus rapproché peut-être de Callot par la nature du talent et les liens d'amitié fut Israël Silvestre. Celui-ci était le neveu d'Israël Henriet; son père, peintre sur verre, avait partagé l'admiration commune pour le maître de Nancy. Tout jeune, Israël Silvestre,

— il était né en 1621 — feuilletait les estampes et faisait son éducation artistique dans la boutique de son oncle; il habituait son œil aux finesses précieuses de la pointe, il s'essayait à les reprendre. La mort de son père décida de sa vocation. Henriet enseignait le dessin aux seigneurs de la cour, l'enfant trouvait à qui parler dans l'atelier et se mêlait aux meilleurs esprits. L'oncle, qui avait contribué pour une si grande part à lancer ses amis Callot et La Belle, n'eut point grand peine à frayer la route à l'enfant. Dans le temps qui suivit ses premiers essais, « il avoit si bien formé sa manière qu'on voyoit des pièces de lui qui ne le cèdent à nulle autre ». Cinq ans après la mort de Callot, le jeune homme entreprenait son voyage en Italie; déjà sa manière future se révélait, il se vouait plus volontiers à la topographie et prenait, au fur et à mesure de ses chevauchées à travers le monde, les croquis des sites principaux. Il est alors plein de fougue et de hardiesse; il exécute d'instinct, avec une énergie toute juvénile, les eaux-fortes préparées. Plus tard les conseils de La Belle lui enlèveront quelque peu de cette audace; il se contiendra, poussera davantage ses travaux, il aura perdu la fine fleur de son esprit.

Toute son œuvre tient de Callot; on y retrouve l'aisance, le brio et l'élégance du Lorrain. Il le suit jusque dans ses défauts, et s'amuse parfois comme lui à arranger ses modèles, ce qui rend ses paysages

Vûe et Perspective de la Galerie du Louvre, dans laquelle sont les Portraits des Roys des Reynes et des plus Illustres du Royaume

Vue du Louvre. — Gravure d'Israël Silvestre.

ou ses palais légèrement suspects. Un encadrement en forme d'écran lui servira à loger la place royale avec ses foules de promeneurs, mais il s'en tiendra plus volontiers aux estampes dépourvues d'ornements, à la vue pure et simple. Nous avons vu Callot profiler en ombres chinoises, en noir sur le fond éclairci de certaines pièces, ses figures de premier plan destinées à faire reculer les lointains; Silvestre abuse du procédé, il le met à toutes sauces et parfois le rend fastidieux par sa répétition.

Il est peu varié; tous ses monuments sont pris dans le plein soleil des grandes journées avec leurs tuiles brillantes et les grandes taches d'ombres portées par les murs sur les terrains. Sa dextérité est merveilleuse dans l'agencement des constructions compliquées, il se joue comme à plaisir au milieu des toits pointus, des larges pignons, il donne à chaque chose sa physionomie. Mais on éprouve quelque ennui à ressentir toujours la même impression, la note est trop uniforme.

Il s'est approché au plus près de Callot dans l'estampe de la *Maison de Saint-Ouen*, manière de fête foraine, bariolée comme celle de l'*Impruneta*, encombrée de marchands, de bateliers, de gens de toute sorte. C'est un fait curieux dans la carrière de Silvestre que, plus il s'éloignait de Callot dans le temps, plus il s'en rapprochait dans la manière. La Maison de Saint-Ouen date de 1672, c'est-à-dire que le maître est mort depuis près de quarante ans; et cependant sa note est demeurée tout entière dans l'œuvre de son imitateur. Tout au plus saurait-on reconnaître plus de distinction chez Silvestre, ce qui n'est point une qualité dans l'espèce. La vie étrange de ces cohues, surprise par Callot et décrite d'un trait de pointe, est légèrement assoupie chez l'autre; moins de gueux ou d'histrions, moins de pittoresque aussi.

Ses planches de réjouissances, entre autres celles du ballet de la princesse d'Élide, marquent une étape nouvelle dans la carrière du graveur. Il est un personnage officiel, un artiste de cour, et il le montre. Tout en demeurant très attaché aux principes de Callot, il est plus musqué, plus pimpant. Son invention n'a point les ressources de son prédécesseur, mais il le surpasse par le ton de meilleure compagnie. Son talent est assez haut coté pour le temps; ses planches montent à 500 livres, et on le surcharge de mille travaux.

Ces artistes avaient embourgeoisé le métier; ils n'étaient plus des errants éternels comme Jacques Prévost, couchant à la belle étoile dans la plupart des cas, et d'instant à autre habitant les palais. Israël Silvestre possédait pignon sur rue du fait de sa femme Henriette Selincart, il connaissait la grande aisance. Ses albums de topographie s'enlevaient couramment dans un public que la mode entraînait vers les paysages.

Il n'est pas sans intérêt de mentionner ici les diverses fortunes des planches originales de Callot passées à Silvestre. Ce dernier, comme nous l'avons dit, avait hérité de toutes celles que son oncle Israël Henriet exploitait, c'est-à-dire à peu près la totalité des cuivres gravés en Lorraine de 1629 à 1635. A la mort d'Henriet, Silvestre accrut son lot déjà considérable de la part échue à Catherine Kuttinger; il y fit mettre ce qu'on appelle en style iconographique l'*excudit*, c'est-à-dire sa marque de propriété. Avant d'arriver à ce dernier possesseur, ces originaux avaient fourni plusieurs tirages; un du vivant même de Callot sur papier lorrain, qui donne les meilleures épreuves; un second plus tard, vers 1635; le troisième fut celui de Silvestre. On comprend la différence énorme pour les collectionneurs entre les estampes obtenues par Callot ou sous sa direction, et celle du troisième état avec l'*excudit*. Autant les premières sont fines, autant les dernières montrent l'usure. Les amateurs habiles dédaignent celles-ci, ils réservent leurs tendresses à celles-là.

Lorsque Silvestre mourut, le 11 octobre 1661, les planches de Callot passèrent avec celles de La Belle, de Lepautre, d'Henriet et les siennes propres à Henriette-Suzanne Silvestre, mariée à Nicolas Petit de Logny, avocat au Parlement. Le tout représentait une somme de 3000 livres environ. Vers 1699, Nicolas Petit vendit son lot à l'orfèvre Fagnani, qui fit de nouveaux tirages, numérota les suites à sa guise, et fit entourer certaines d'entre elles de cartouches dessinés par un autre imitateur de Jacques Callot nommé Sébastien Leclerc. C'était une grave maladresse. Ces décors nouveaux signalaient aux amateurs les épreuves récentes, on n'en voulait pas. Fagnani, marchand avant tout, et commerçant malhonnête, fit disparaître ces témoins importuns en les dissimulant sous des caches; il espérait tromper les clients sur les états. Malheureusement ces supercheries n'échappèrent à personne; les œuvres de Callot ainsi déshonorées tombèrent vite au rabais, on les repoussa comme une marchandise frelatée.

Nous venons de parler de Sébastien Leclerc; lui aussi s'étudia de bonne heure à faire du Callot. Né en 1637, deux ans après la mort du maître, il n'avait subi qu'une influence médiate, la tendance passée dans les mœurs. S'il compose des caprices à sa façon, c'est qu'il voit ses contemporains rechercher ces petits travaux de pointe; il suit La Belle, Israël Silvestre et les autres. Ses dessins de diverses figures dédiés à Colbert d'Ormoy sont une paraphrase émanée directement d'eux, mais il les veut rapprocher des caprices du Lorrain. Les figures y sont doubles en esquisse; simples d'abord, et poussées ensuite; c'est moins audacieux, mais plus naturel. Plus tard il mit des fonds à ces modèles, de petits lointains formés de scènes pittoresques, comme dans la série publiée sous les auspices de M. de Boncœur, œuvre charmante, très voisine des compositions similaires de Callot.

Lui aussi refit la *Noblesse* sous le titre d'*Estats et conditions de la vie humaine*, où les gueux trouvent leur place. Chaque personnage, depuis le président au Parlement jusqu'au galérien, est présenté au public dans un distique en vers de mirlitons, peut-être composés par le graveur. Il montre un homme de robe en costume de ville suivi d'un laquais, magistrat dameret, poudré et musqué comme un galant. Il écrit au bas :

> L'habit du maistre et du laquais
> Marquent un conseiller du palais.

Il passe en revue toutes les conditions, les riches et les pauvres, même le criminel condamné à ramer sur les galères, misérable hère chargé de chaînes. Ces liens sont terribles à porter, l'artiste-poète plaint le sort du malheureux homme dans ces deux vers bizarres :

> Ce galérien soupire accablé sous ses chaînes
> Qui sont bien différents de celles de Chimène.

Les estampes ne sont pas moins différentes de celles de Callot, mais pour ordinaires qu'elles soient, elles notent le passage, la transition insensible entre les merveilleuses inventions du maître et celles des vignettistes du dix-huitième siècle. Sébastien Leclerc a notablement agrandi les derniers. Tandis que Jacques Callot composait pour un seul livre les illustrations très ordinaires que nous voyons dans la *Lumière du cloistre*, Sébastien Leclerc abandonnait les albums d'estampes, les séries pour se vouer à la décoration des ouvrages. A l'exemple de François Chauveau, il cherche dans Callot la phrase concise et serrée nécessaire à ces petits tableaux complets qu'on nomme la vignette. Tout le secret de ce mode d'ornementation repose précisément sur la finesse, l'esprit, le brio dont le maître lorrain savait mieux que personne jouer à propos; le suivre en pareil cas, c'était encore le plus habile. Leclerc l'étudia, chercha à redire ce qu'il voyait chez lui; quand il esquissera quelque scène de mœurs, il saura grouper les figurines, il ne se perdra pas dans les détails oiseux. La vie de chaque jour lui fournira des sujets sans nombre; il les enjolivera, les relèvera d'une pointe de malice, les saupoudrera de fin esprit, et l'école française de l'illustration sera née, née de Callot, venue de Lorraine par l'Italie après un long séjour en France.

Ce mouvement irrésistible et spontané, cette imitation quasi inconsciente ne s'arrêta point à Florence et à Paris. Il y eut à Reims, à Nancy des pasticheurs de Callot, il y en eut en Flandre, il y en eut en Allemagne. A Reims, c'est Nicolas De Son, contemporain de Callot, qui s'essayait à faire ce qu'il rencontrait dans les œuvres du Lorrain, mais avec l'inexpérience d'un graveur médiocre et d'un dessinateur maladroit. Il passe pour avoir été l'élève direct du maître au même titre que Collignon ; c'est une erreur. De Son resta dans sa province, il y composa des vues, entre autres celle de la cathédrale de Reims, devant laquelle il répandit une foule figurant un maigre, un très maigre pastiche de l'*Impruneta*. Quand il vint à Paris, il demeura médiocre, et ses planches d'Anet, de Villers-Cotterets, ne sortent point d'un niveau ordinaire ; c'est un apôtre, mais un apôtre modeste qui ne paraît pas s'être douté beaucoup de sa mission.

François Collignon tint de plus près au Lorrain ; il était né vers 1610 à Nancy, où il avait pu fréquenter Callot à son retour d'Italie. Sa place toutefois n'est point des plus marquantes dans la pléiade. Il va un peu au hasard, tantôt rapproché de Callot, tantôt suivant La Belle, peu inventif, peu audacieux. Son tempérament d'interprète, de copiste, l'arrête dans son essor personnel. Entre deux besognes, l'une d'inspiration, l'autre de transcription, il choisira de préférence la dernière. S'il décrit de lui-même les mascarades romaines en février 1634, il est embarrassé et lourd ; au contraire il sait traduire assez finement les dessins de La Belle pour le siège de Perpignan ou pour la bataille de Rocroy, destinés au recueil de l'ingénieur Beaulieu.

Et tandis que les Français chantent à l'envi les louanges du Lorrain en le reproduisant en tout et partout, en cherchant à le piller, à le transcrire, à l'imiter, un jeune artiste de Prague, né vers 1607, copie les guerres d'après lui, adopte sa manière et tente de l'imposer à ses compatriotes; c'est Wenceslas Hollar. Celui-ci est peut-être le plus parfait, le plus réellement doué de cette foule de copistes et d'adaptateurs; il a la délicatesse, le toucher, le doigté le plus subtil qui se voient. Quand il personnifie les saisons sous les traits de jeunes et jolies femmes, il est au plus près de Callot, c'est la *Noblesse* moins la netteté et la vigueur. Mais les fonds y sont féconds en surprises. L'*Hiver* ce sera la Hollandaise pimpante, proprette, longuement calfeutrée de mantes, de masques de tous genres; derrière elle un coin de ville avec ses beffrois, ses pignons pointus, son petit peuple tranquille. Ses cohues ont aussi leur physionomie digne de Callot; on voit toute une population s'agiter au pied de la cathédrale de Strasbourg, le chef-d'œuvre incontesté de l'artiste. Et, bien qu'il exagère ses travaux, qu'il pousse au delà du nécessaire les accentuations, il a gardé de son modèle préféré l'esprit qui anime les moindres scènes Ses travaux en Hollande, en Angleterre, portèrent la pensée de Callot, légèrement travestie, à travers les deux royaumes. Il connut d'ailleurs La Belle et grava de lui le portrait dont nous parlions tout à l'heure; mais il parait avoir goûté davantage le maître lorrain.

En résumé Jacques Callot a bouleversé l'École française des graveurs, il a imposé ses moyens artistiques en perfectionnant les procédés. Il est un inventeur tout aussi bien qu'un grand maître et l'esprit le plus fécond, le plus fortement trempé du dix-septième siècle, dans son genre. Depuis Holbein, personne n'avait su dire comme lui, dans de très petites compositions, la vie commune, les scènes journalières. D'autres avaient cherché les mêmes sujets avant lui, mais les ressources leur faisaient défaut. L'école des Wierix, tout habile qu'elle fût, ne connaissait que le burin, outil rebelle dans les finesses et laissé aux graveurs de profession, aux transcriptions des maîtres. Callot fit de l'eau-forte l'agent docile des inventeurs ; guidés par lui, les dessinateurs ou les peintres purent écrire leur pensée sur le métal sans intermédiaire, et sans embarras de pratique. Aujourd'hui encore, après deux siècles et demi, nos aquafortistes modernes ne sauraient faire mieux. Les perfectionnements apportés dans cette branche spéciale de l'art portent sur le détail, ils n'ont point touché à l'essence même de son économie.

TABLE DES GRAVURES

FRONTISPICE.

Ferdinand faisant fortifier Livourne.	21
Figure des *Caprices de Florence*.	29
Saint Mansuet ressuscitant le fils du roi.	37
Le Massacre des Innocents.	41
Combat de galères.	45
Partie de la Foire de Florence, dite l'*Impruneta*.	49
Estampe de la suite des Bohémiens.	57
Titre des *Varie figure*.	69
La Dévideuse et la Fileuse.	71
Le Gentilhomme.	75
La Dame lorraine.	77
Le Crucifiement.	95
Le Parterre de Nancy.	99
Le Char de l'Infante.	103
La Chasse.	117
Callot, par Michel Lasne.	125
Entrée du roi à la Rochelle.	129
Le roi à cheval.	131
Portrait de Delorme.	135
Saint de la suite dite des Grands Apôtres.	145
Les *Misères de la Guerre*. — L'Estrapade.	151
Les *Misères de la Guerre*. — La Roue.	153
Les *Misères de la Guerre*. — Les Pendus.	156

Les *Misères de la Guerre.* — L'Hôpital. 158
Tombeau de Jacques Callot. 163
Le Retour de l'enfant prodigue. 165
Polonais, par Stephano della Bella. 194
Mirame, tragi-comédie jouée en 1641. 195
La Mort victorieuse. 201
Éventail, par Nicolas Cochin. 219
Vue du Louvre. 223

TABLE DES MATIÈRES

Introduction. i

PREMIÈRE PARTIE

I. — 1593-1611.

Les origines de Jacques Callot. — Sa noblesse. — Jean Callot, son père, héraut d'armes du duché de Lorraine. — Sa première éducation artistique. — État des arts à la cour de Lorraine au commencement du dix-septième siècle. — Jacques Callot s'enfuit en Italie. — Les Bohémiens, ses compagnons de route, et leur influence sur le talent de Callot. — Séjour à Florence à l'atelier de Canta Gallina. — Retour forcé en Lorraine. — Demange Crock, graveur de la monnaie à Nancy. — Seconde fugue en Italie. — Troisième voyage en compagnie du comte de Tornielle, avec l'autorisation de son père Jean Callot. — Arrivée à Rome; Israël Henriet et Claude Deruet. — Premiers travaux dans l'atelier de Thomassin. — Départ pour Florence. 1

II. — Callot a Florence. 1612-1621.

Les tâtonnements. — Callot grave l'*Enfer* de Bernard Poccetto. — Gravures au burin d'après les maîtres. — L'album des Funérailles de Marguerite d'Autriche. — Callot à l'atelier de Julio Parigi, les encouragements et les conseils. — Cosme II, grand-duc de Toscane, et les artistes. — Callot grave au burin les *Batailles des Médicis*. — Callot et les tendances italiennes. — Parigi et les fêtes florentines. — Callot grave la *Guerre d'amour*, sa première œuvre réellement personnelle. 15

III. — CALLOT A FLORENCE. 1613-1621.

Callot invente un procédé nouveau sur vernis dur. — Les *Caprici di diverse figure* réputés par lui sa première œuvre; Callot créateur de l'espace. — Callot interprète à sa manière les sujets de piété. — Influence des Flamands sur son travail et sa composition. — La *Tentation de saint Antoine*, et le diable en Lorraine; souvenirs d'enfance mis à profit. — La gravure du *Saint Mansuet* en l'honneur de l'évêque de Toul, bienfaiteur de la famille Callot. — Le *Massacre des Innocents*. — Callot petit maître. — Influence de Callot sur l'école des vignettistes français des dix-septième et dix-huitième siècles. — Les *Combats des Galères*. — L'*Éventail*. — Les *Pantalons*. — La foire de l'*Impruneta*, son chef-d'œuvre. — Les titres d'ouvrages et les illustrations. — Retour en Lorraine à la mort de Cosme II.   27

IV. — CALLOT A NANCY. 1622-1625.

Callot grave un certain nombre de planches sur des sujets italiens. — Les *Bohémiens*. — L'organisation de la mendicité au dix-septième siècle. Les *Baroni*. — Les Grotesques, les *Gobbi*. Fausse idée qu'on se fait de Callot à ce sujet. — Les anciens peintres de grotesques. — Manière spéciale dont Callot comprend la montagne. — Callot reprend pour une édition à Nancy ses œuvres d'Italie. — Les Caprices de Nancy. — Ses œuvres de piété. — La *Noblesse*. — Les dons gracieux faits à Callot par Henri II, duc de Lorraine. — La planche des *Supplices*. — La *Foire de Gondreville*. — La *Petite Passion*. — Les estampes religieuses.   53

V. — CALLOT A BRUXELLES. 1625-1628.

Mariage de Callot. — Discussion sur le séjour de Callot à Bruxelles à propos du siège de Bréda. — Les prétendus dessins de Callot à l'Albertine de Vienne; le livre de M. Moritz Thausing. — Portrait de Callot par Antoine Van Dyck, gravé par L. Vosterman. — Les planches du siège de Bréda préparées sous l'inspiration de Spinola. — Comment les topographes dessinaient les sièges au dix-septième siècle. — Retour à Nancy pour terminer le travail. — Mort du duc Henri II et besognes modestes auxquelles Callot se condamne à ce sujet. — Estampes gravées dans les moments perdus de Callot. — La *Grande Passion*. — Callot sort des sentiers battus du hiératisme. — Le *Parterre de Nancy*. — Achèvement du Siège de Bréda. — Dons du duc Charles à Callot pour le fixer définitivement en Lorraine.   87

VI. — CALLOT A NANCY. 1628-1629.

Œuvres nancéiennes de Callot. — La duchesse de Chevreuse à la cour lorraine. — Les fêtes, les intrigues. — Callot chargé avec le peintre Claude Deruet de la décoration du palais, et de la construction des machines nécessaires aux réjouissances. — Les souvenirs de Parigi. — Description du *Combat à la barrière* donné dans la salle neuve du Palais. — Callot grave des planches pour la relation qu'en fait le poëte Henri Humbert. — Prétendus démêlés de Callot et de Deruet. — Travaux religieux en clair-obscur. — Le *Brelan*. 107

VII. — Callot a Paris. 1629-1630.

Callot vient à Paris dans les premiers jours de 1629. — Il retrouve Israël Henriet. — Les artistes graveurs d'alors. — Michel Lasne entreprend le portrait de Callot. — Impressions de Callot à Paris. Le *Passage de la mer Rouge*. — Le portrait terminé par Michel Lasne, ses légendes élogieuses; les copies qu'on en fait. — Le siège de La Rochelle; les bordures et les planches. — Faiblesse relative de ce travail. — Siège de Saint-Martin de Ré; préface lyrique de Callot. — *Combat de Veillane*; courtisanerie de Callot à ce sujet. — Le portrait de Charles Delorme, médecin de Gaston d'Orléans et ses emblèmes. — Les deux seules pièces datées de Paris par Callot : le *Passage de la mer Rouge* et le *Marché d'esclaves*. — Callot quitte Paris avant le tirage des deux Sièges. 121

VIII. — Callot a Nancy. 1630-1635.

Callot de retour à Nancy. — Mort de son père. — Les vues de Paris gravées en Lorraine. — Gaston d'Orléans à la cour du duc Charles; son mariage avec la princesse de Lorraine; ses rapports artistiques avec Callot. — Gravures de monnaies. — Les *Grands Apôtres*. — Petites estampes religieuses. — Portrait de Claude Deruet. — Période militaire dans le talent de Callot. Les *Misères de la Guerre*. — Invasion de la Lorraine par Louis XIII; siège de Nancy. — Patriotisme de Jacques Callot, sa réponse au roi. — Vie du soldat et ses misères. — La *Revue*. — Les *Exercices militaires*. — Mort de Callot; son épitaphe aux Cordeliers; sa sépulture actuelle. — Œuvres inachevées de Callot; la *Petite Treille*; l'*Enfant prodigue*. — Portrait de Catherine Kuttinger 139

IX.

Callot peintre. — Erreurs à ce sujet. — Les dessins de Callot. — Les copies d'estampes de Callot en dessins à la plume. — Collectionneurs de Callot; Claude Maugis. — Caractère du collectionneur d'après Labruyère. — Transmission des planches originales du maître; Silvestre; Fagnani. — L'héritage artistique de Mme de Graffigny converti en casseroles. — Cuivres originaux achetés par l'abbé de Chancey à Fagnani et vendus en Angleterre. — Leur retour à Nancy dans le cabinet de M. Thiéry. — Les tirages modernes. — Conclusion. 169

DEUXIÈME PARTIE

I. — Les Italiens.

Révolution apportée dans l'eau-forte par Jacques Callot. — Les estampes de Callot servent de modèle à toute une génération de graveurs. — Stephano Della Bella imitateur de Callot. — Sa vie, ses premiers travaux. — Son séjour à Florence, à Rome et à Paris. — Les dessins de l'Albertine de Vienne. — Les illustrations de *Mirame*. — La Vue du Pont-Neuf. — Le Frontispice des œuvres de Scarron. — Les Danses macabres. — Influence de La Bella sur la popularité de Callot. 179

II. — Les Italiens.

Les autres graveurs italiens imitateurs de Callot. — Melchior Gherardini. — Francesco Luccini. — Bernardino Capitelli et les clair-obscur. — Ercole Bazzicaluva 205

III. — Les Français.

Israël Henriet ami de Callot et son éditeur. — Abraham Bosse et Saint-Igny. — La noblesse française. — Les Gardes françaises. — Le tombeau de Callot gravé par A. Bosse. — L'atelier de Moncornet et les imitateurs anonymes du Lorrain. — Les portraits publiés par Moncornet. — Louis XIV et la *Grande Chasse* de Callot. Nicolas Cochin et ses imitations. — François Chauveau s'inspire de Callot. — Israël Silvestre, neveu d'Henriet, élève et ami de Callot. — Ses œuvres. — La *Maison de Saint-Ouen*. — Le *Ballet de la princesse d'Élide*. — Les planches originales de Jacques Callot chez Israël Silvestre. — Sébastien Leclerc transporte les procédés de Callot à la vignette. — Influence de Callot sur les graveurs du dix-huitième siècle. — De Son. — Collignon. — Callot imité à Prague par Wenceslas Hollar. — Conclusion. . . . 213

17760. — Imprimerie A. Lahure, 9, rue de Fleurus, à Paris.

LIBRAIRIE HACHETTE & Cie

BOULEVARD SAINT-GERMAIN, 79, PARIS

EXTRAIT DU CATALOGUE

BIBLIOTHÈQUE DES MERVEILLES

PUBLIÉE SOUS LA DIRECTION DE M. ÉDOUARD CHARTON

FORMAT IN-16, A 2 FR. 25 C. LE VOLUME

La reliure en percaline bleue avec tranches rouges se paye en sus 1 fr. 25 c.

André (E.) : *Les fourmis.* 1 vol. avec 74 grav. d'après A. Clément.

Augé (L.) : *Voyage aux sept merveilles du monde.* 1 vol. avec 21 grav. d'après Sidney Barclay.

— *Les tombeaux.* 1 vol. avec 31 gravures d'après Barclay.

Badin (A.) : *Grottes et cavernes*; 4e édition. 1 vol. avec 55 grav. d'après C. Saglio.

Ouvrage couronné par la Société pour l'Instruction élémentaire.

Baille (J.) : *Les merveilles de l'électricité*; 5e édition. 1 vol. avec 71 grav. d'après Jahandier.

Bernard (F.) : *Les évasions célèbres*; 3e édition. 1 vol. avec 25 gravures d'après Bayard.

— *Les fêtes célèbres de l'antiquité, du moyen âge et des temps modernes*; 2e édition. 1 vol. avec 23 gravures d'après Goutzwiller.

Bocquillon (U.) : *La vie des plantes*; 4e édition. 1 vol. avec 172 gravures d'après Faguet.

Bouant (E.) : *Les grands froids.* 1 vol. avec 31 grav. d'après Weber.

— *Les merveilles du feu.* 1 vol. avec 97 gravures d'après Dosso, etc.

Brévans (A. de) : *La migration des oiseaux.* 1 volume avec 89 gravures d'après Mesnel.

Capus (E.) : *L'œuf chez les plantes et chez les animaux.* 1 vol. avec 143 gravures.

Castel (A.) : *Les tapisseries*; 2e édition. 1 volume avec 22 gravures d'après P. Sellier.

Cazin (A.) : *La chaleur*; 4e édition. 1 vol. avec 92 gravures d'après Jahandier.

— *Les forces physiques*; 3e édition. 1 vol. avec 58 gravures d'après A. Jahandier.

— *L'étincelle électrique*; 2e édition. 1 volume avec 90 gravures d'après B. Bonnafoux, etc.

Collignon (E.) : *Les machines.* 1 vol. avec 82 gravures d'après B. Bonnafoux, Jahandier et Marie.

Colomb (C.) : *La musique.* 1 vol. avec 119 gravures d'après Gilbert et Bonnafoux.

Deharme : *Les merveilles de la locomotion.* 1 vol. avec 77 gravures d'après A. Jahandier et L. Bayard.

Deherrypon : *Les merveilles de la chimie*; 2e édition. 1 vol. avec 54 gravures d'après Férat, Marie, Jahandier, etc.

Deleveau (P.) : *La matière et ses transformations.* 1 vol. avec 89 gravures d'après Chauvet.

Depping (G.): *Les merveilles de la force et de l'adresse*; 2ᵉ édition. 1 vol. avec 69 gravures d'après E. Ronjat et Rapine.

Dieulafait: *Diamants et pierres précieuses*; 3ᵉ édition. 1 vol. avec 130 gravures d'après Bonnafoux, P. Sellier, etc.
Ouvrage couronné par la Société pour l'Instruction élémentaire.

Du Moncel: *Le téléphone*; 5ᵉ édition. 1 vol. avec 67 gravures par Bonnafoux.

— *Le microphone, le radiophone et le phonographe*. 1 vol. avec 119 gravures d'après Bonnafoux et Chauvet.

— *L'éclairage électrique*, 1ʳᵉ partie: *Appareils de lumière*; 3ᵉ édit. 1 vol. avec 70 gravures d'après Bonnafoux, Chauvet, etc.

— *L'éclairage électrique*, 2ᵉ partie: *Les lampes*. 1 vol. avec 121 gravures d'après Chauvet.

Du Moncel et Geraldy: *L'électricité comme force motrice*; 2ᵉ édit. 1 vol. avec 112 gravures d'après Alix, Léger et Poyet.

Duplessis (G.): *Les merveilles de la gravure*; 3ᵉ édition. 1 vol. avec 34 gravures d'après P. Sellier.

Flammarion (C.): *Les merveilles célestes*, lecture du soir; 7ᵉ édition. 1 vol avec 89 gravures et 2 planches.

Fonvielle (W. de): *Les merveilles du monde invisible*; 4ᵉ édit. 1 vol. avec 120 gravures.

— *Éclairs et tonnerre*; 3ᵉ édition. 1 vol. avec 59 gravures d'après E. Bayard et H. Clerget.

— *Le monde des atomes*. 1 vol. avec 40 gravures d'après Gilbert.

Garnier (E.): *Les nains et les géants*. 1 vol. avec 80 gravures d'après A. Jahandier.

Garnier (J.): *Le fer*; 2ᵉ édit. 1 vol. avec 70 gravures d'après A. Jahandier.

Gazeau (A.): *Les bouffons*. 1 vol. avec 63 gravures d'après P. Sellier.

Girard (J.): *Les plantes étudiées au microscope*; 2ᵉ édit. 1 vol. avec 208 gravures.

Girard (M.): *Les métamorphoses des insectes*; 6ᵉ édition. 1 vol. avec 378 gravures d'après Mesnel, Delahaye, Clément, etc.
Ouvrage couronné par l'Académie des Sciences.

Graffigny (de): *Les moteurs anciens et modernes*. 1 vol. avec 106 gravures d'après l'auteur.

Guillemin (A.): *Les chemins de fer*, 1ʳᵉ partie: *La voie et les ouvrages d'art*; 7ᵉ édit. 1 vol. avec 96 grav.

— *Les chemins de fer*, 2ᵉ partie: *La locomotive, le matériel roulant, l'exploitation*; 7ᵉ édition. 1 vol. avec 75 gravures.

— *La vapeur*; 3ᵉ édit. 1 vol. avec 117 grav. d'après B. Bonnafoux, etc.

Hanotaux: *Les villes retrouvées*; 2ᵉ édition. 1 vol. avec 75 gravures d'après P. Sellier, etc.

Hélène (M.): *Les galeries souterraines*; 2ᵉ édition. 1 vol. avec 66 gravures d'après J. Férat, etc.

— *La poudre à canon et les nouveaux corps explosifs*. 1 vol. avec 44 gravures d'après Férat.

Hennebert (Le lieut.-colonel): *Les torpilles*. 1 vol. avec 82 gravures.

Jacquemart (A.): *Les merveilles de la céramique*. Iʳᵉ partie (Orient). 4ᵉ édition. 1 vol. avec 53 gravures d'après H. Catenacci.

— *Les merveilles de la céramique*. IIᵉ partie (Occident); 3ᵉ édition. 1 vol. avec 221 gravures d'après J. Jacquemart.

— *Les merveilles de la céramique*. IIIᵉ partie (Occident); 5ᵉ édition. 1 vol. avec 855 monogrammes et 49 gravures d'après J. Jacquemart.

Joly (H.): *L'imagination*; 2ᵉ édition. 1 vol. avec 4 eaux-fortes par L. Delaunay et L. Massard.

Lacombe (P.): *Les armes et les armures*. 3ᵉ édition. 1 vol. avec 60 gravures d'après H. Catenacci.

— *Le patriotisme*; 2ᵉ édition. 1 vol. avec 4 héliogravures.

Laffitte (P.) : *La parole.* 1 vol. avec 24 gravures.

Landrin (A.) : *Les plages de la France*, 3ᵉ édit. 1 vol. avec 107 gravures d'après Mesnel.
— *Les monstres marins*; 3ᵉ édit. 1 vol. avec 66 grav. d'après Mesnel.
— *Les inondations.* 1 vol. avec 24 gravures d'après Vuillier.

Lanoye (F. de) : *L'homme sauvage*; 2ᵉ édit. 1 vol avec 35 gravures d'après E. Bayard.

Lasteyrie (F. de) : *L'orfèvrerie, depuis les temps les plus reculés jusqu'à nos jours*; 2ᵉ édition. 1 vol. avec 62 gravures.

Lefebvre (E.) : *Le sel.* 1 vol. avec 49 gravures.

Lefèvre (A.) : *Les merveilles de l'architecture*; 4ᵉ édition. 1 vol. avec 60 gravures d'après Thérond, Lancelot, etc.
— *Les parcs et les jardins*; 3ᵉ édition. 1 volume avec 29 gravures d'après A. de Bar.

Le Pileur (Dʳ) : *Les merveilles du corps humain*; 5ᵉ édit. 1 vol. avec 43 gravures d'après Léveillé et 1 planche en couleurs.

Lesbazeilles (E.) : *Les colosses anciens et modernes*; 2ᵉ édit. 1 vol. avec 53 gravures d'après Lancelot, Gontzwiller, etc.
— *Les merveilles du monde polaire.* 1 vol. avec 38 gravures d'après Riou, Grandsire, etc.
— *Les forêts.* 1 vol. avec 45 gravures d'après Slom, etc.

Lévêque : *Les harmonies providentielles*; 4ᵉ édit. 1 vol. avec 4 eaux-fortes.

Marion (F.) : *L'optique*; 3ᵉ édit. 1 vol. avec 68 gravures d'après A. de Neuville et Jahandier.
— *Les ballons et les voyages aériens*; 4ᵉ édit. 1 vol. avec 50 gravures d'après P. Sellier.
— *Les merveilles de la végétation*; 4ᵉ édit. 1 vol. avec 45 gravures d'après Lancelot.

Marzy (F.) : *L'hydraulique*; 3ᵉ édit. 1 vol. avec 39 grav. d'après Jahandier.

Masson (M.) : *Le dévouement* 3ᵉ édit. 1 vol. avec 14 gravures d'après P. Philippoteaux.

Menault (E.) : *L'intelligence des animaux*; 5ᵉ édit. 1 vol. avec 58 gravures d'après E. Bayard.
— *L'amour maternel chez les animaux*; 2ᵉ édit. 1 vol. avec 78 gravures d'après A. Mesnel.

Meunier (Mme S.) : *L'écorce terrestre.* 1 vol. avec 75 gravures.

Meunier (V.) : *Les grandes chasses*; 5ᵉ édit. 1 vol. avec 38 gravures d'après Lançon.
— *Les grandes pêches*; 2ᵉ édition. 1 vol. avec 55 gravures d'après Riou.

Millet : *Les merveilles des fleuves et des ruisseaux*; 2ᵉ édition. 1 vol. avec 66 gravures d'après Mesnel, et 1 carte.

Moitessier : *L'air*, 2ᵉ édition. 1 vol. avec 95 gravures, d'après B. Bonnafoux, etc.
— *La lumière*; 2ᵉ édition. 1 vol. avec 121 gravures d'après Taylor, Jahandier, etc.

Moynet (G.) : *L'envers du théâtre ou les machines et les décors*; 2ᵉ édit. 1 vol. avec 60 gravures ou coupes d'après l'auteur.

Narjoux (F.) : *Histoire d'un pont.* 1 vol. avec 80 gravures d'après l'auteur.

Petit (Maxime) : *Les sièges célèbres de l'antiquité, du moyen âge et des temps modernes.* 1 vol. avec 52 gravures d'après C. Gilbert.
— *Les grands incendies.* 1 vol. avec 34 gravures d'après Deroy.
— *Le courage civique.* 1 vol. avec 29 gravures.

Radau (R.) : *L'acoustique*, 2ᵉ édit. 1 vol. avec 116 grav. d'après Lœschin, Jahandier, etc.
— *Le magnétisme*; 2ᵉ édition. 1 volume avec 104 gravures d'après Bonnafoux, Jahandier, etc.

Renard (L.) : *Les phares*; 3ᵉ édit. 1 vol. avec 38 gravures d'après Jules Noël, Rapine, etc.
— *L'art naval*; 4ᵉ édition. 1 vol. avec 52 grav. d'après Morel Fatio.

Renaud (A.) : *L'héroïsme*, 2ᵉ édition. 1 vol. avec 15 gravures d'après Paquier.

Reynaud (J.). *Histoire élémentaire des minéraux usuels* ; 6ᵉ édition. 1 volume avec 2 planches en couleurs et 1 planche en noir.

Roy (J.). : *L'an mille*. Formation de la légende de l'an mille. Etat de la France de l'an 950 à 1050. 1 vol. avec 30 gravures.

Sauzay (A.) : *La verrerie* depuis les temps les plus reculés jusqu'à nos jours ; 2ᵉ édition. 1 vol. avec 66 gravures d'après B. Bonnafoux.

Simonin (L.) : *Les merveilles du monde souterrain* ; 5ᵉ édition. 1 vol. avec 18 gravures d'après A. de Neuville, et 9 cartes.

— *L'or et l'argent*. 1 vol. avec 67 gravures d'après A. de Neuville, P. Sellier, etc.

Sonrel (L.) : *Le fond de la mer* ; 3ᵉ édition. 1 vol. avec 93 gravures d'après Mesnel, etc.

Ternant (A.) : *Les télégraphes*. Tome I : Télégraphie optique. — Télégraphie acoustique. — Télégraphie pneumatique. — Poste aux pigeons ; 2ᵉ édition. 1 vol. avec 63 gravures.

Tissandier (G.) : *L'eau* ; 5ᵉ édition. 1 vol. avec 77 gravures d'après A. de Bar, Clerget, Riou, Jahandier, etc., et 6 cartes.

— *La houille* ; 2ᵉ édit. 1 vol. avec 66 grav. d'après A. Jahandier, A. Marie et A. Tissandier.

— *La photographie* ; 3ᵉ édition. 1 vol. avec 76 gravures d'après Bonnafoux et Jahandier.

— *Les fossiles*. 1 vol. avec 133 grav d'après Delahaye.

— *La navigation aérienne*. 1 vol. ill. de 98 gravures d'après Barclay Langlois, etc.

Viardot (L.) : *Les merveilles de la peinture*. Iʳᵉ série ; 4ᵉ édition. 1 vol. avec 24 reproductions de tableaux par Paquier.

— *Les merveilles de la peinture*. IIᵉ série ; 2ᵉ édition. 1 vol. avec 12 reproductions de tableaux par Paquier.

— *Les merveilles de la sculpture* ; 2ᵉ édition. 1 vol. avec 62 reproductions de statues, par Petot, P. Sellier, Chapuis, etc.

Zurcher et Margollé : *Les ascensions célèbres aux plus hautes montagnes du globe* ; 3ᵉ édition. 1 vol. avec 39 gravures d'après de Bar.

— *Les glaciers* ; 3ᵉ édition. 1 vol. avec 45 gravures d'après E. Sabatier.

— *Les météores* ; 4ᵉ édition. 1 vol. avec 23 gravures d'après Lebreton.

— *Volcans et tremblements de terre* ; 4ᵉ édition. 1 vol. avec 61 gravures d'après E. Riou.

— *Les naufrages célèbres* ; 4ᵉ édition. 1 vol. avec 30 gravures d'après Jules Noël.

— *Trombes et cyclones* ; 2ᵉ édit. 1 vol. avec 42 gravures d'après A. de Bérard et Riou.

— *L'énergie morale*. Beaux exemples. 1 vol. avec 15 gravures d'après P. Fritel et A. Brouillet.

BIBLIOTHÈQUE DES MERVEILLES

Chaque vol. in-18, broché 1 fr.; cartonné percaline 2 fr.

ANDRÉ (J.). Les fourmis.
ABOT (L.) Les tombeaux.
— Les spectacles antiques.
— Le forum.
BADIN (A.). Grottes et cavernes.
BAILLE (J.). Merveilles de l'électricité.
— Production de l'électricité.
BERNARD (Fr.). Les fêtes célèbres.
BOCQUILLON (H.). La vie des plantes.
BOUANT (E.). Les grands froids.
— Le feu.
BOUCHOT. Jacques Callot, sa vie, son œuvre.
BRÉVANS (de). La migration des oiseaux.
CAPUS (G.). L'œuf.
— Le toit du monde.
CASTEL (A.). Les tapisseries.
CAZIN (A.). La chaleur.
— Les forces physiques.
— L'étincelle électrique.
COLLIGNON (E.). Les machines.
COLOMB (C.). La musique.
DEHARME (E.). La locomotion.
DEKERRYPON. Merveilles de la chimie.
DELEVEAU. La matière.
DEMOULIN (M.). Les paquebots.
DEPPING (H.). La force et l'adresse.
DIEULAFAIT. Diamants.
DUBIEF (E.). Le journalisme.
DU MONCEL (le comte). Le téléphone.
DU MONCEL ET GÉRALDY. L'électricité comme force motrice.
DUPLESSIS. Merveilles de la gravure.
FONVIELLE (W. de). Éclairs et tonnerre.
— Les atomes.
— Le pétrole.
— Le pôle sud.
FOVEAU DE COURMELLES. L'hypnotisme.
GARNIER (E.). Les nains et les géants.
GAZEAU (A.). Les bouffons.
GIRARD (J.). Les plantes au microscope.
GIRARD (M.). Métamorphoses des insectes.
GRAFFIGNY (H. de). Les moteurs.
GUIGNET. Les couleurs.
GUILLEMIN (A.). Les chemins de fer. 2 vol.
— La vapeur.
HANOTAUX (G.). Les villes retrouvées.
HÉLÈNE (M.). Les galeries souterraines.
— La poudre à canon.
— Le bronze.
HENNEBERT (J.). Les torpilles.
— L'artillerie.
— La guerre.
JACQUEMART. La céramique (Orient).
— La céramique (Occident).
JOLY (H.). L'imagination.
LACOMBE (P.). Les armes et les armures.
LAFFITTE (P.). La parole.
LANDRIN (A.). Les plages de la France.
— Les monstres marins.
— Les inondations.
LANOYE (F. de). L'homme sauvage.
LASTEYRIE (F. de). L'orfèvrerie.

LEFÈVRE. Le sel.
LEFÈVRE. Merveilles de l'architecture.
— Les parcs et les jardins.
LE PILEUR. Merveilles du corps humain.
LESBAZEILLES (E.). Les colosses.
— Le monde polaire.
— Les forêts.
LÉVÊQUE (Ch.). Harmonies providentielles.
MAINDRON (M.). Les papillons.
MARION (F.) Merveilles de l'optique.
— Merveilles de la végétation.
MASSON (M.). Le dévouement.
MEILLON. Le désert.
MENANT (J.). Ninive et Babylone.
MENAULT (E.). L'intelligence des animaux.
— L'amour maternel chez les animaux.
MERRY (F.). L'hydraulique.
MEUNIER (Mme). L'écorce terrestre.
— Les sources.
MEUNIER (V.). Les grandes chasses.
— Les grandes pêches.
MILER. La bijouterie.
MILLET (F.). Les fleuves et les ruisseaux.
MOITESSIER. L'air.
— La lumière.
MOLINIER (A.). Les manuscrits.
— L'émaillerie.
MOYNET. L'envers du théâtre.
NARJOUX (F.). Histoire d'un pont.
PÉREZ (J.). Les abeilles.
PETIT (M.). Les sièges célèbres.
— Les grands incendies.
— Le courage civique.
PORTAL ET GRAFFIGNY. L'horlogerie.
POTTIER. Les statuettes de terre cuite.
RADAU (F.). L'acoustique.
— Le magnétisme.
RENARD (L.). Les phares.
— Merveilles de l'art naval.
RENAUD (A.). L'héroïsme.
REYNAUD (J.). Les minéraux usuels.
ROY (J.). L'an mille.
SAGLIO. Les maisons des hommes célèbres.
SAUZAY (A.). La verrerie.
SIMONIN (L.). Le monde souterrain.
— L'or et l'argent.
SONREL (L.). Le fond de la mer.
TERNANT. Les télégraphes. 2 vol.
TISSANDIER (G.). L'eau.
— La houille.
— Les fossiles.
— La navigation aérienne.
VRANEAU. Enfance de l'humanité.
VIARDOT (L.). La peinture. 1 vol.
— La sculpture.
ZURCHER ET MARGOLLÉ. Les ascensions.
— Les glaciers.
— Les météores.
— Volcans et tremblements de terre.
— Les naufrages célèbres.
— Trombes et cyclones.
— L'énergie morale.

www.ingramcontent.com/pod-product-compliance
Lightning Source LLC
Chambersburg PA
CBHW070620170426
43200CB00010B/1861